# SILVIO PELLICO

# ESTER D'ENGADDI

## TRAGEDIA

**EDIZIONE CRITICA A CURA
DI CRISTINA CONTILLI**

**IN APPENDICE LE FOTO
DEL MANOSCRITTO CONSERVATO
NELL'ARCHIVIO STORICO
DEL COMUNE
DI SALUZZO**

Lulu.com
3101 Hillsborough Street
Raleigh, NC 27607 USA

Printed in 2015.

DISPONIBILE ANCHE SU AMAZON

IN FORMATO KINDLE

Grazie alla dottoressa Giancarla Bertero, responsabile dell'Archivio Storico del Comune di Saluzzo per le foto del manoscritto della tragedia.

I quadri che illustrano il testo sono del pittore romantico Francesco Hayez, tranne il ritratto di Cristina con l'arpa che è di P.Palagi e il cdv photo dell'attrice francese Mlle Ugalde con un'arpa in mano nei panni proprio della Ester del Pellico.

## A LUIGI MIO FRATELLO.

*Scrissi queste Tragedie e queste Cantiche in un luogo di sì tetra solitudine e di tal dolore, che il mio intelletto dovea essere più che mai debole. Rivedutele nondimeno, dacchè sono risorto fra i viventi, qualche fiducia mi tornò che non sieno indegne di comparire al pubblico. Desidero di non ingannarmi.*

*Le offro a te, amico dolcissimo fin dalla infanzia; a te abbastanza indulgente da non isgradire questo tributo, comecchè tenuissimo ne sia il merito; a te che, ardente quanto modesto cultore delle lettere, spronasti pur me a seguirle, e così mi facesti acquistare un conforto perenne. Il pregio di questo fu da me altamente sentito ne' lunghi dieci anni, in cui niun' altra dolcezza mi restava (dopo la religione, suprema consolatrice, e dopo il compianto di un carissimo socio di sventura [1]), fuorchè l' abitudine d' esercitare, poetando, la mente ed il cuore.*

SILVIO PELLICO.

[1] Piero Maroncelli da Forlì.

# INTRODUZIONE

Nell'archivio storico del comune di Saluzzo sono conservati diversi testi di Silvio Pellico, donati dalla sorella dello scrittore Giuseppina alla città d'origine nel 1863. Tra questi testi c'è anche l'*Ester* una delle tragedie composte dal Pellico durante il periodo del processo: il manoscritto presenta, infatti, l'indicazione di mano certa dello stesso autore *Venezia il giugno 1821*, probabilmente Pellico pensava di indicare inizialmente anche il giorno in cui aveva iniziato la composizione dell'opera o più verosimilmente il giorno o i giorni in cui l'aveva ricopiata in bella grafia e in versione definitiva per inviarla ai propri familiari, in vista di un'eventuale pubblicazione. Questa tragedia venne custodita dai familiari del Pellico mentre dopo la condanna era detenuto allo Spielberg e venne pubblicata nel 1830 dopo la sua liberazione. Le vicende che io ho brevemente ricostruito ce le racconta lo stesso Pellico scrivendo nell'introduzione alle *Opere inedite*, stampate appunto a Torino nel 1830 dall'editore Pomba:

*Scrissi queste Tragedie e queste Cantiche in un luogo di sì tetra solitudine e di tal dolore, che il mio intelletto doveva essere più che mai debole. Rivedutele nondimeno, dacchè sono risorto fra i viventi, qualche fiducia mi tornò che non sieno indegne di comparire al pubblico. Desidero di non ingannarmi.*

Dopo aver chiarito in quale particolare situazione e stato d'animo avesse composto le opere che si apprestava a pubblicare, Pellico aggiunge una sentita dedica al fratello maggiore Luigi con cui, fin da quando avevano entrambi vent'anni e frequentavano Ugo Foscolo nella Milano dell'epoca napoleonica, aveva condiviso i propri progetti letterari:

*Le offro a te, amico dolcissimo fin dalla infanzia; a te abbastanza indulgente da non isgradire questo tributo, comecchè tenuissimo ne sia il merito; a te che, ardente quanto modesto cultore delle lettere, spronasti pur me a seguirle, e così mi facesti acquistare un conforto perenne. Il pregio di questo fu da me altamente sentito ne' lunghi dieci anni, in cui niun'altra dolcezza mi restava (dopo la religione, suprema consolatrice, e dopo il compianto di un carissimo socio di sventura [Piero Maroncelli], fuorchè l'abitudine d'esercitare, poetando, la mente ed il cuore.*

La scelta del soggetto tratto dalla Bibbia (nel manoscritto introdotto da una citazione in latino tratta dal Libro dei Numeri, poi soppressa nell'edizione a stampa), ma anche alcuni passi del testo rivelano echi autobiografici e tracce della conversione del Pellico come dimostrano per esempio questi dialoghi tratti dal terzo atto:

*Ester. Iddio....*
*Jefte. È pei forti.*
*Ester.Che oppressi, pur non cedono al malvagio;*
*Pei forti che, nel pianto e nell'obbrobrio,*
*Sprezzan più sempre il trionfante iniquo:*
*Per cotai forti è Iddio.*
*Jefte.Quando ogni speme*
*Ti manchi su la terra, e tu lo invoca.*
*Ma ti consiglio ad indugiar; più certa*
*Speme ancor sulla terra io voglio offrirti;*
*Nè il savio mai prepone il dubbio al certo.*
*Vita, fama, parenti, ore beate*
*Siccome tòr, così render può Jefte*
*Non risponder sì tosto: un breve istante*
*Rifletti, e pensa ch'esso è omai l'estremo.*
*Suoi confini ha la mia possanza; il punto*
*Fatal verrà, che bramerei salvarti*
*Nè il potrei più. Necessità m'incalza:*
*O perder me, se te nemica io salvo,*
*Od immolarti onde salvarmi.... oppure,*
*Più savi entrambi, e collegati in fido*
*Vincol secreto d'amistà, ritrarci*
*Dall'arduo passo ove corremmo.*

Il tono complessivo è, dunque, molto diverso dallo spirito di rivolta politica e personale che si respirava nell'*Eufemio Da Messina*, l'ultima tragedia composta e pubblicata da Silvio Pellico, pochi mesi prima dell'arresto, di cui nel giugno del 1820 la censura austriaca aveva proprio per questo consentito la pubblicazione, ma non la rappresentazione.

Nella figura di Ester Pellico ha riversato più o meno consapevolmente caratteristiche e vicende della marchesina Cristina Trivulzio, la donna di cui si era innamorato nell'estate del 1819 e che non aveva potuto sposare a causa della loro differenza sociale; come Cristina anche Ester è una musicista che suona soavemente l'arpa mettendo in musica i versi che essa stessa compone, in più Jefte le ricorda che egli l'amava prima che i suoi congiunti la facessero sposare con Azaria e allo stesso modo Pellico aveva amato la Trivulzio prima che lei, probabilmente convinta dai genitori, sposasse il conte Giuseppe Archinto.

Interessante risulta, dunque, il dialogo che riporto di seguito in cui Jefte, consapevole della nuova condizione della sua amata, le propone una pura amicizia (cosa che probabilmente anche Pellico aveva proposto a Cristina prima che lei, sposatasi per procura, raggiungesse il marito a Parigi), ma Ester, in parte per scrupolo morale, in parte forse intimorita dal carattere del marito, cerca di mettere una certa distanza tra sé e il suo antico innamorato e non cederà di fronte alle sue offerte neppure quando la situazione precipiterà fino al tragico epilogo (che porterà alla morte la stessa Ester):

*Jefte. Ascolta. – Nuocerti non voglio,*
*Ma gratitudin voglio. Austera vanti*
*Virtù: sia pur: ma di virtù nemico*
*Forse son io? Ch'altro ti chiesi io mai*
*Fuorchè gentile, pura, amistà santa,*
*Qual le più a Dio devote alme in soave*
*Nodo innocente avvincer può?*
*Ester. Le cure*
*Di sposa e madre, già tel dissi, loco*
*Ad altri affetti in me non lascian.... tranne*
*La riverenza che al ministro io debbo*
*Dell'ara, e che non mai perder vorrei.*
*Jefte.Pria ch'Azaria t'amasse, io già ti amava;*
*Già in cor volgea di farti mia: tuoi crudi*
*Congiunti mi prevennero: pietade*
*Non ebber di tua dolce indole umana,*
*E al più feroce de' guerrier ti diero.*
*Ester.E così d'uom, cui tanta amistà fingi,*
*Parli?*
*Jefte. Del forte onoro i pregi: abborro*
*Suoi feri modi; e il tuo destin compiango.*
*Che? le segrete tue lagrime credi*

*A tutti asconder? non a Jefte il puoi:*
*Amante è Jefte. Ei spesso alla presenza*
*Del tuo torvo signor tremar ti vede,*
*Impallidir, reprimere i più giusti*
*Pensieri, ed in silenzio a te medesma*
*Dir con dolor: «Sacrificata io fui!»*
*Ahi vittima infelice! Io allor (nol niego)*
*Più d'Azaria non son l'amico: io l'odio;*
*Io penso ai dì che tratto avresti al fianco*
*Di più degno amator, di tal cui gloria,*
*Non l'imperar, sol l'obbedirti fôra,*
*L'adorarti qual servo.*

La vita reale spesso è meno tragica dei testi teatrali e così Pellico uscirà dal carcere nove anni dopo aver composto questa tragedia e nel 1836 rivedrà la sua Cristina che, nel frattempo, aveva avuto due figli dal marito e viveva a Milano una vita mondana e culturale intensa… si può immaginare, però, che, durante il periodo del processo tra estenuanti interrogatori e dubbi sulla propria sorte (per l'appartenenza alla carboneria si poteva rischiare fino ad una condanna a morte), Pellico vedesse nero e paventasse la propria morte e quella della donna amata.

D'altra parte lo stesso scrittore fa dire a Jefte che di irreparabile non c'è nulla nella vita e che un giorno Azaria potrebbe morire in guerra, Ester tornare libera e il loro amore non essere più impossibile:

*Ester. Sì, la parola*
*Tutta non esce qual dovria dal core.*
*Pontefice, il tuo grado ognor rammento:*
*Nè mai dispero, che il tuo error tu scerna*
*E ten vergogni,... ed io stimarti possa.*
*Che attendi alfin? d'altri non sono io sposa*
*Irreparabilmente?*
*Jefte. Oh, ch'havvi mai*
*Che irreparabil sia? Se altro pensiero*
*Non fosse inciampo all'amor tuo, deh il caccia!*
*Ester. Tant'osi?*
*Jefte. Ahi, più ch'io non volea già dissi!*
*Or ben,... più non si finga.*
*Ester. Io tremo.*
*Jefte. Sappi,*
*Che in me speranza non fu estinta mai:*
*D'Azaria la fierezza a me fa certo*

*Che tu non l'ami: non indarno a spesse*
*Guerre il Signor lo tragge. Un dì tua destra*
*Esser libera puote,... e, oh! non ingrata*
*Fossi tu all'amor mio! quel dì felice*
*Non penderla da incerte guerre.*
*Ester. Oh cielo!*
*Jefte.Il più santo de' regi arse, e il marito*
*Di Betsabea perì. Fu colpa, è vero;*
*Ma l'espïaro gli olocausti: e moglie*
*Del santo re fu Betsabea.*

Oltre al tema del tradimento coniugale in questa tragedia c'è anche quello del tradimento da parte di un amico: Jefte è, innamorato di Ester, ma è anche amico di Azaria, marito della stessa Ester di cui, però, è geloso perché gli ha sottratto la donna di cui si era innamorato per primo, un tema sicuramente universale quello dei due amici innamorati della stessa donna che, a causa di questo sentimento, diventano rivali, ma potrebbe anche essere oltre a questo un riflesso dell'esperienza personale del Pellico che nel 1820 aveva dovuto consolare sia Giulio Caponago sia Piero Maroncelli, entrambi suoi amici ed entrambi innamorati dell'attrice Carlotta Marchionni.

Nonostante le condizioni particolari in cui Pellico compone questa tragedia è interessante come riesca già ad immaginarla in scena e come nell'avvertimento finale insista affinché non venga tagliato nell'allestimento il breve preludio musicale in versi che l'attrice interprete di Ester dovrà fingere cantare, accompagnandosi con l'arpa, mentre da dietro le quinte una vera cantante lirica esegue il pezzo. Sicuramente una soluzione di impatto, ma non di facile realizzazione tanto che non credo sia stata realmente adottata nel 1832 quando l'*Ester* andò in scena a Torino, interpretata da Carlotta Marchionni, per quanto sarebbe anche possibile immaginare che Pellico, pur non nominandole direttamente, abbia pensato ad una Carlotta che finge di arpeggiare e ad una Gegia che da dietro le quinte canta il pezzo, dando voce ad Ester.

Un'ipotesi da verificare, ma, credo, affascinante, considerando che Silvio Pellico prima dell'arresto aveva amato Gegia (l'attrice Teresa Bartolozzi, cugina di Carlotta Marchionni) e nei mesi della sua passione per lei aveva anche composto un vaudeville, intitolato "La festa di Bussone", in cui, anche se lo scrittore non aveva potuto assistere alla rappresentazione di persona, gli era stato riferito che la sua "Gegina" aveva "cantato con una voce da Paradiso" (lettera di Pellico a Gegia del 12 giugno 1820).

Di recente è uscito un saggio sul teatro del Pellico, intitolato "Sull'orme degli eroi Silvio Pellico e il teatro romantico", dove viene esaminata tutta la produzione dello scrittore dai primi tentativi giovanili di argomento classico (la Laodamia e il Turno) fino al Corradino caduto nel 1834 tra i fischi del pubblico per ragioni legate alle scelte politiche del Pellico, più che alle qualità o i limiti della tragedia stessa. Riguardo all'Ester, Ignazio Castiglia nota nel suo saggio che Pellico ha superato il modello alfieriano per rifarsi direttamente a Shakespeare e al suo *Otello*, in particolare per il personaggio di Jefte che riesce a far credere agli altri ciò che desidera e in particolare convince Azaria che Ester lo tradisca, mentre lei è innocente e i suoi incontri segreti non sono con un amante quanto con il padre che tutti però credono morto. Rileggendo la tragedia, io ho avuto tuttavia l'impressione avuta trascrivendo il manoscritto ossia Jefte mi è sembrato un personaggio sì negativo, ma perché accecato dall'amore per Ester, Jefte ama Ester, un amore colpevole e passionale molto intenso e a tratti egoista, ma, credo, sincero, per cui è disposto a tutto, anche ad ingannare Azaria di cui si professa amico o ad accusare senza alcun fondamento Ester, pur di convincerla a cedere alla sua passione. Restando nell'ambito del teatro pellichiano mi sembra un "fratello" del personaggio di Eufemio dell'omonima tragedia che, innamorato di Lodovica, non si arrende neppure quando lei prende i voti e che, pur di riaverla, è disposto anche a tradire e ad uccidere e he addirittura minaccia in un passo della tragedia di rendere la Sicilia "isola d'ossa e di ruine".

Il testo conservato nell'archivio storico del comune di Saluzzo non presenta cancellature o correzioni come si può vedere dalle foto inserite in appendice a questa edizione, rispetto alla versione a stampa non ci sono dunque varianti, l'unico piccolo taglio riguarda le indicazioni del Pellico relative alle modalità di rappresentazione della tragedia. Dopo aver insistito affinché non vengano tagliati i pezzi cantabili, lo scrittore racconta, infatti, il seguente episodio: "*Ho veduto un certo dramma ove un attore dovea fingere di cantare mentre una voce nelle quinte cantava per lui: la voce piace: grandi applausi in platea – bis! bis! - e l'attore che non aveva cantato si rompe i fianchi a ringraziare, torna al suo posto e la voce ricomincia. Ma ecco un'improvvisa selva di fischiate, meno piacevoli con la voce cantante, ma più in armonia con il buon senso! Un grano di questo buon senso e sia l'attore che il cantore avrebbero saputo che vi sono dei casi in cui non si deve per niun conto né ringraziare, né replicare.*"

**Cristina Contilli (marzo 2015, revisione del settembre 2015)**

***PERSONAGGI.***

AZARIA, capitano degli Ebrei ricoverali in Engaddi.
ESTER, sua sposa, figlia di
ELEAZARO, vecchio martire cristiano.
JEFTE, sommo sacerdote.
UN BAMBINO.
SACERDOTI.
POPOLO.
GUERRIERI.

*L'azione è nei monti quasi inaccessibili di Engaddi, ove è ricoverata una popolazione d'Ebrei. – Il secolo è il secondo dell'era cristiana, e circa 50 anni dopo la distruzione di Gerusalemme.*

## ATTO PRIMO.

Valle cinta di balze scoscesissime. Nel fondo della scena v'è una città tutta di tende. Da un lato sta un grande edifizio, costruito di magnifiche cortine: esso è il Tabernacolo. Sul davanti della scena si scorge alquanto una gran rupe, che toglie chi si ritira di qua da essa alla vista della città. Dalla parte opposta alla rupe, ma in qualche distanza, la prima tenda che si trova è quella di Azaria. – È l'alba.

**SCENA I.**

ELEAZZARO SCENDE NELLA VALLE DI QUA DALLA RUPE: IL SUO PASSO ANNUNZIA IL TIMORE DI ESSERE SCOPERTO.

Oh Engaddi! Oh sacra, inespugnabil valle,
Ove al Roman superbo io da Sionne
Questa reliquia d'Israel sottrassi!
Sovra te mai, se non furtivo, il guardo
Porterà dunque Eleazar, l'antico
Gloriöso tuo prode? Invan la morte
Fuggo dagl'idolatri: una non havvi
Tenda fra' miei, che il capo mio ricovri?
Nè ad abbracciar la mia figlia, pur oso
Fino alla tenda sua spingere il piede!
Qui de' suoi mattutini inni la voce
Ascolto e piango; e il fausto dì sospiro
In ch'io parlarle, o almen vederla io possa.
Parlarti, si! Nella tua mente il raggio
Porger del ver, che l'Uom-Iddio fe' aperto
A' genitori tuoi! Questa è la speme
Che qui a periglio il vecchio esul conduce!
[p. 92]

*( Dalla tenda d'Azaria s'ode un suono d'arpa. – Eleazaro giubila ed ascolta con tenerezza. Voce d'Ester canta:)*

«Luna e stelle della notte,
Del mattino dolce albore,
Astro, oceano di splendore,
Terra e ciel, chi vi creò?
Siam pensieri d'una Mente,
Raggi siam del vero Sole:
Disse e fummo, nè parole
A nomarlo c'insegnò.
Fulgid'astri, cielo e terra,
Del Signor opre ammirande,
Ah! un'altr'opra Ei fea più grande:
Il mortal ch'Egli animò.»

*Eleazaro.* Oh voce d'Ester mia! Come all'infermo
Genitor nova inspiri aura di vita!
Oh lunghi i giorni in ch'io ritrar le membra
Non potea da lontano antro romito!

**SCENA II.**

VIENE APERTA LA TENDA, E VI SI VEDE ESTER SEDUTA SUL LIMITARE: ARPEGGIA CON MELODIA PIÙ MALINCONICA, E POI CANTA.

*Ester.* «Ma mesta, o Signor mio, suona la corda
Quando l'ancella tua mira i suoi figli,
E non vede il lor padre, e si ricorda
Che cinto è di perigli.
Stagion tornò di guerra. Il campion mio
È il campion d'Israel: tu lo difendi.
Madre, e solinga, ed orfana son io:
Il mio campion mi rendi.»
*Eleazaro.* Fia ver? Lunge è Azaria? Che fo?
Innoltrarmi....[1]
*Ester.*[2]Che veggo? A questa tenda incerto il passo
Move canuto peregrin,... s'arresta,...
Ondeggia.... Ah, forse uopo ha d'aiuto. Ei sembra
Misero.[3] D'Azaria l'ospital tetto,
Ecco, o stranier. Lontan da Engaddi è il prode;
Ma il suo pan, la sua tazza al peregrino
Ei vuol comuni sempre.[4] – Un fedel servo
Che ti dia stanza io chiamerò.
*Eleazaro.* La figlia....
Cerco.... d'Eleazar.... Ferma.

*Ester.*[5] Son io.

Qual voce!

*Eleazaro.* Meco, deh, t'apparta! Arcane

Cose degg' io....

*Ester.*[6] No; non m'inganno! Desso,

O l'angiol sei del genitor mio estinto?

*Eleazaro.*Ester! Oh gioia! E in te memoria è ancora

Del sembiante paterno?

*Ester.* Ei vivo! Il padre!

Oh me felice! E come?

*Eleazaro.*[7] A' servi tuoi

Mostrarmi non poss'io. Tu il sai; proscritto

A morte io son. Nè per me temo io morte:

Ad evitarla sol pietà m'astringe

Dell' egra tua canuta genitrice,

Cui là, sui gioghi più deserti, è asilo

La caverna di Davide.

*Ester.* Oh compiuta

Celeste grazia! Anco la madre è in vita!

Ma sola, egra! A lei tosto.... Oh non sperato

Prodigio mai! Fuori di me son. Deh, lascia

Che questo amato capo Ester di baci

Copra! Che in lunghi amplessi io de' tant'anni

Ch' orfana piansi mi ristori. Estinto

Diceanti, sì; degli empi idoli all'are
Estinto colla madre. — Albeggia.... in loco
[p. 94]
Non visto discostiamci.[8]
*Eleazaro.* Appiè dell'are
Idolatre ogni giorno orrido strazio
Han, fra' Romani, del ver Dio gli amici:
E i genitori tuoi più d'una volta
Spiranti eran lasciati ivi; ma Iddio
Li serbò.
*Ester.* A me serbolli Iddio. Sui forti
D'Israel duce, e ad Ester tua benigno
È lo sposo; zelante, è ver, l'antica
Legge egli osserva, e la novella abborre;
Ma ciò in esso de' padri è reverenza
E non ferocia. Ov'ei dal campo torni,
Cauta di te gli parlerò: disporlo
A pietà, le mie lagrime il potranno,
E più del ciel l'aiuto. Io spero assai
Fia annullato il decreto empio di morte:
Al mio fianco vivrai: teco al mio fianco
Vivrà la madre.... Oh, a lei condurmi....
*Eleazaro.* Troppo
Distante è il loco, e ben poss'io per aspre

Balze evitar degli uomini l'incontro:
Tu noi potresti. E il tuo partir da Engaddi
Saria fatal: scoprirà forse altrui
De' tuoi parenti il vivere e il rifugio.
Chi ci difende allor? Molto tu speri
In Azaria; ma al campo egli è, dicesti,
E qui il più truce mio nemico impera.
*Ester.* Jefte, sì! me infelice!
*Eleazaro.* Onde le pugne?
Assalir questi scabri ermi dirupi
Osa il Romano? — Ed a difenderla io,
Io della nuova patria il fondatore,
Correr non posso? Oh del mio braccio antica
Gagliardia! Più che gli anni, i lunghi, feri
Martír me la toglieano.
*Ester.* Assai di gloria
Mèsse, o padre, coglievi: or abbia pace
Tua guerriera alma. In securtà si posa
Questo a Israel da te fondato albergo.
Dalle fauci de' monti, unico passo
Agli audaci avversari, i pochi cento,
De' mille e mille, il sai, rompon l'orgoglio.
Acquetati.
*Eleazaro.* Mi narra. A te benigna

Dunque è Azaria? De' suoi congiunti l'odio
Non eredò contro il mio sangue? Oh quanto
Piansi, in Gerusalem, quando, di ferri
Carco, in orrida carcere io rinvenni
Altro, a me par', cristiano esul d'Engaddi,
Che di tue nozze mi fe' conscio! Nuora
La figlia mia di chi primier le pietre
Sovra il proscritto mio capo scagliava!
*Ester.*E piansi io pure allor: ma la mestizia
Della misera sposa al signor mio
Non recò sdegno: e pur mi amò: più forse
Quindi ei mi amò; nè più abborrirlo io seppi.
Ai suoi feri congiunti, ei negl'istanti
D'ira, somiglia; ma sovr'Ester mai
L'ira sua non balena: io con umile,
Timido ossequio, anche da altrui la pronta
Del giovine bollente ira talvolta
Rimovo: e poscia ei men sa grado: e dice
Ch'ei vorrebbe con mite alma esser nato,
Onde mertar ch'io più l'amassi. Oh, schiavo
Non fosse egli di scaltro, iniquo spirto
Che al laccio il prese d'amistà e di santa
Sacerdotal virtù mentita, e spesso
Il fa men pio!

*Eleazaro*. Di Jefte....
*Ester*. Solo io tremo.
Costui per or (finchè propizio io m'abbia
Lo sposo a te) con ogni cura fuggi.
Della Croce a' seguaci, ah, nol vid'io,
Nuovo ispirato Samuello agli atti,
Ma non al cor, col sacro acciar dall'ara
Avventarsi e trafiggerli? Oh me lassa!
Già sorto è il Sol: temer non deggio?....
*Eleazaro*. O figlia,
Non mi cacciar: pochi momenti ancora
Dammi. Nulla ti dissi.... e i lunghi preghi
Che in mezzo a' miei martiri io per te sempre
Al ciel porgeva, e il giubilo, allorquando,
Dalla carcer fuggito, io la tua madre,
Dolce peso, dagli omeri posai
Su quel ciglion del monte, e discoprimmo
La città delle tende, ed «Ester nostra,
Dicemmo, alberga in quelle tende!» e a terra
Proni ambedue chiedemmo a Dio ch'un giorno,
A te pur, salutare onda le avite
Colpe cancelli e il ciel ti schiuda!... E ancora
Non dissi della sera, in ch'io disceso
A questa valle, qui rinvenni un servo,

E fra sue braccia era un bambino.... e fatto
Ardito dal desio, «Qual d'Azaria
È il padiglion?» gli domandai. – «Tu il vedi,
Rispose, è il primo; e suo famiglio io sono.» –
«E quel bambin?» – «Del mio signore è il figlio.»
Oh amor di padre! Come io strinsi al seno
Quel pargoletto! Ed io.... Ma a non tradirmi
Fuggir fu forza.
*Ester*. Oh padre mio!
*Eleazaro*. Più giorni
Qui scesi all'alba; e il tintinnio dell'arpa,
E la tua voce alcuna volta io udiva:
E sedea su quel masso: e lì piangeva;
E doleami, che al Sol (come quel santo
Condottiero) il cammino io non fermassi
Col fervido bramar, sì che più lungo
Fosse il mattino e il tuo canto e mia gioia!
Ma di', lusinga non fia vana? Insieme
Vivremo ancor? Potrà Azaria?...
*Ester*. Lo spero:
Purché tu a lieve simular ti pieghi.
*Eleazaro*. Qual?
*Ester*. Nol conosco; ma il tuo culto onoro,
Poich'egli è tuo: tu il serberai: si, padre....

Non ti sdegnar; tu il serberai, ma in core.
*Eleazaro.* Vergognarmi del vero?
*Ester.* Agl'idoli empi
Non immolar, dritto è: ma qui mentito
Dio non s'adora: e (qual pur fosse il Giusto,
Che in Golgota moría) de' giusti il rege
Altro esser può che di Giacobbe il Dio?
All'ara sua ti curva, e in cor racchiuso
Ti stia l'amor del tuo profeta.
*Eleazaro.* Il vero,
Lassa! t'è ignoto, e ti compiango. Uom puote
Ignorarlo: nasconderlo non puote,
Quando a lui splende. Teco viver chiedo,
Amata figlia, ed ombra niuna a Jefte
Recar, nè ad altri ambizïosi o forti.
Sol di virtù pacifiche contesa
Vuol il fedel con chi all'errore è servo:
Vincer le offese col perdono: l'odio
Coll'amore: i martír colla costanza:
Null' altro ei vuol;... ma simular non mai!
*Ester.*Sublime legge! In un l'ammiro e temo!
*Eleazaro.* Ma il vivo affetto uopo è ch'io freni: il giorno
S'avanza. Addio.
*Ester.* Senza alcun don lasciarti

Partir? No.

*Eleasaro.*Ferma. Uso al deserto, io ricco
Son di silvestri frutta, e di poca onda.
Nulla or mi manca: ti trovai, gli amplessi
Tuoi recherò alla genitrice. Oh doni
D'ogni tesor più preziosi!

*Ester.* E vuoi?...

*Eleazaro.*Soverchio indugio fòra. Addio: ritorno
Qui al tramonto, farò.

*Ester.* Si, padre: e, colti
Dalla stessa mia man, tu dolci frutti
Quindi alla genitrice apporterai.
Per or l'abbraccia; di me a lei tu parla.
Di me a lungo!

*Eleazaro.*Sì.... figlia... Oh dì felice!

**SCENA III.**

ESTER GUARDANDOGLI DIETRO COMMOSSA.

Misero! A stento egli si regge! Oh come
Incanutì! Come in suo volto io scorsi
Le tracce del dolor! Pallido; emunto,
Pieno di cicatrici, eppur.... costante!
Qual misto è in me d'inesplicabil gioia,

E di desio di sciorre al pianto il freno!
Andiamo. – O tu che i genitor mi rendi,
Fa ch'io più non li perda, e l'amor mio
Lungamente i lor vecchi anni consoli!

**SCENA IV.**

MENTRE ESTER SI VOLTA DALLA RUPE PER TORNARE ALLA TENDA S'IMBATTE IN JEFTE.

*Jefte.*Ester! Tu, a si precoce ora, lontana
Dal padiglion!
*Ester.* Signor...
*Jefte.* Giocondo annunzio
Credea recarti: appien disfatta è l'oste:
Oggi torna Azaria.
*Ester* Fia vero? Oh sposo!
*Jefte.* Sincer giubilo è il tuo?
*Ester.* Che ardisci?
*Jefte.* Amante
Moglie, in sì mattutina ora, a segreti
Colloquii vien con uom che fugge?
*Ester.* E pensi?...
*Jefte.*Nol veggio forse ancor?
*Ester.* Chi?

*Jefte.* Fra le palme
Or del torrente egli dispàr.
*Ester.* Mendico
Vecchio infelice.
*Jefte.*E chi fia che tel creda?
Se amante tuo non è colui.... via, il noma....
Esiti?... In me tua fama or sta. Guai s'io
Del violento tuo consorte in seno
Gelosa serpe vibro!
*Ester* Oh infami detti!
Potresti?
*Jefte.* Ciò che possa uom, se spregiato
Vede il suo amore, io ben nol so: — soltanto,
So che, mentre sì poca è di tua fama
La cura in te, d'inorridir non hai
Tanto diritto, ov'io d'amor ti parlo.
*Ester.*Lasciami.
*Jefte.* Ascolta. — Nuocerti non voglio,
Ma gratitudin voglio. Austera vanti
Virtù: sia pur: ma di virtù nemico
Forse son io? Ch'altro ti chiesi io mai
Fuorchè gentile, pura, amistà santa,
Qual le più a Dio devote alme in soave
Nodo innocente avvincer può?

*Ester.* Le cure
Di sposa e madre, già tel dissi, loco
Ad altri affetti in me non lascian.... tranne
La riverenza che al ministro io debbo
Dell'ara, e che non mai perder vorrei.
*Jefte.*Pria ch'Azaria t'amasse, io già ti amava;
Già in cor volgea di farti mia: tuoi crudi
Congiunti mi prevennero: pietade
Non ebber di tua dolce indole umana,
E al più feroce de' guerrier ti diero.
*Ester.*E così d'uom, cui tanta amistà fingi,
Parli?
*Jefte.* Del forte onoro i pregi: abborro
Suoi feri modi; e il tuo destin compiango.
Che? le segrete tue lagrime credi
A tutti asconder? non a Jefte il puoi:
Amante è Jefte. Ei spesso alla presenza
Del tuo torvo signor tremar ti vede,
Impallidir, reprimere i più giusti
Pensieri, ed in silenzio a te medesma
Dir con dolor: «Sacrificata io fui!»
Ahi vittima infelice! Io allor (nol niego)
Più d'Azaria non son l'amico: io l'odio;
Io penso ai dì che tratto avresti al fianco

Di più degno amator, di tal cui gloria,
Non l'imperar, sol l'obbedirti fòra,
L'adorarti qual servo.
*Ester.* Or basta: io d'uopo
Di compianto non ho. Travedi: il prode
A cui son moglie è quale il bramo; e solo
Ad altri in braccio abborrirei la vita.
*Jefte.*Donna, i tuoi detti aspri son molto, e fiele
Maggior ne' guardi sta.
*Ester.* Sì, la parola
Tutta non esce qual dovria dal core.
Pontefice, il tuo grado ognor rammento:
Nè mai dispero, che il tuo error tu scerna
E ten vergogni,... ed io stimarti possa.
Che attendi alfin? d'altri non sono io sposa
Irreparabilmente?
*Jefte.* Oh, ch'havvi mai
Che irreparabil sia? Se altro pensiero
Non fosse inciampo all'amor tuo, deh il caccia!
*Ester.* Tant'osi?
*Jefte.* Ahi, più ch'io non volea già dissi!
Or ben,... più non si finga.
*Ester.* Io tremo.
*Jefte.* Sappi,

Che in me speranza non fu estinta mai:
D'Azaria la fierezza a me fa certo
Che tu non l'ami: non indarno a spesse
Guerre il Signor lo tragge. Un dì tua destra
Esser libera puote,... e, oh! non ingrata
Fossi tu all'amor mio! quel dì felice
Non penderla da incerte guerre.
*Ester*. Oh cielo!
*Jefte*.Il più santo de' regi arse, e il marito
Di Betsabea perì. Fu colpa, è vero;
Ma l'espïaro gli olocausti: e moglie
Del santo re fu Betsabea.
*Ester*. Che intendo?
Oh, ben vegg'io, che, a trarli ogni speranza
Forza è ch'io cessi da ogni ossequio, e tutto
Quant'è prorompa il mio ascoso disdegno.
Sì, Jefte, a' guardi miei tu se' il più vile,
Il più esecrando infra i mortali: io t'odio
Non tua; più t'odierei, se tua foss'io.
Fida allo sposo, non virtù, ma amore,
Immenso amor mi tien: quanto ei più disia
Da tua melata, finta, empia dolcezza,
Io tanto più quel suo spirto guerriero
Amo; guerriero, ma leal, ma giusto,

Ma incapace di frodi! Ahi, scellerato!
Sì reo delitto meditavi? e cieco
A te Azaria tanto s'affida? Io voglio
D'inganno, io, trarlo.
*Jefte.* Audace! e di calunnia
Rea tenuta sarai. Trema! inconcussa
È la fama: trema. E a rintuzzarti
Il folle orgoglio, arma io non ho possente?
Colui, che teco dianzi era a nascoso
Colloquio credi che a me ignoto ei sia?
*Ester.* Lassa! che feci?
*Jefte.* Invan Jefte non siede
Di Mosè sulla cattedra tremenda:
Regnar so: moto esser non può di fronda
Ch'io in Engaddi non veggia. Il padre tuo
Posa là su que' monti, in romito antro:
Spesso furtivo ei scende: io già immolato
Lo avria, se un empio qual m'estimi, io fossi.
Se per te no, per l'esul vecchio or trema!
*Ester.* Deh, per pietà!
*Jefte.*Fa' senno.
*Ester.* Ah, s'io t'offesi....
*Jefte.* A te s'aspetta il riparar....[9] Ma suoni
Già di vittoria non si senton?[10] — Donna,

In altro tempo udrotti. — Il popol esce

Delle sue tende. — A rispettarmi impara.

## SCENA V.

CONTINUA AD APPRESSARSI IL SUONO DELLA MARCIA. IL POPOLO ESCE DAI PADIGLIONI, E S'AVANZA SULLA SCENA, RIVOLTO ALLA PARTE OPPOSTA ALLA RUPE CHE È SUL DAVANTI. ALCUNI SALGONO IL MONTE PER ANDARE ALL'INCONTRO DE' GUERRIERI. TUTTE LE FISONOMIE ESPRIMONO ALLEGRIA. — JEFTE AL COSPETTO DEL POPOLO SI ATTEGGIA CON TUTTA MAESTÀ E COMPOSTEZZA RELIGIOSA. ESTER HA DIMENTICATA OGNI SUA INQUIETUDINE, ED È AL COLMO DELLA GIOIA.

## SCENA VI.

ALLO SBOCCARE CHE I GUERRIERI FANNO DA UNA GOLA DEL MONTE, TUTTO IL POPOLO ESCLAMA:

Viva Israello![11]

*Azaria.*[12] Jefte — amata sposa

Popolo — amici. — Oh gioja! Sì, vincemmo!

Credea il Romano altero (uso a mostrarsi

E trïonfar), credea ch'impeto e morte

E instancabile ardir, dischiuso il varco

Dell'erte balze ad esso avrian. Tre giorni

Respingemmo color: fuor dello stretto
Fieramente accampati, immensa mostra
Fean di macchine ed armi; ed appellando
[p. 103]
Di sognate rapine e tradimenti
Engaddi rea, giuravano con empi
Sacrifici vendetta a' loro Iddii.
M'adirò lor baldanza: al mio furore
Sorse fausta una notte. Orrendo nembo
Tempestava di grandine e di pioggia
E di fulmini i monti. — «Andiam, compagni,
Dissi: ne' padiglioni il vil s'acquatta.
Sorprendiamlo: con noi scende dal cielo
Iddio nel tuono, e solo i rei percuote.»
Ci avventiam nell'orror della tempesta,
Trucidiamo, inseguiam. — «Non son mortali»
Esclamava il Romano e, ove le lance
Noi raggiungeano, il fulmin lo atterrava.
Si piena strage mai non fu: — di sangue
E fango intrise, l'aquile del Tebro,
Eccole: calpestatele.

*(Alcuni guerrieri che portano due o tre aquile romane le gettano a terra, e tutto il popolo le calpesta gridando:)*

Vittoria!
Viva il Dio d'Israel! viva Azaria![13]

§Note

1. Titubando s'avanza: vorrebbe trattenersi: non può: l'amor paterno lo spinge.
2. Vedendolo da lontano si alza, lascia l'arpa, e si ferma all' ingresso della tenda osservando.
3. Fa un passo fuori della tenda, e gli parla.
4. Vedendo ch'egli esita, ella va verso lui cortesemente.
5. Che era mossa per chiamare qualcuno se gli accosta di nuovo
6. Dopo averlo ben guardato esclama.
7. Ricusando d'appressarsi alla tenda.
8. Si ritirano al di qua della rupe.
9. S'interrompe ascoltando una musica militare sui monti.
10. La musica si va appressando.
11. La musica continua finchè Azaria è al piano.
12. Consegna a uno scudiero l'asta e lo scudo, ed abbraccia Jefte, Ester ed altri.
13. Cade il sipario.

**ATTO SECONDO.**
Stanza nel padiglione d'Azaria
**SCENA I.**

ESTER CHE HA INTESO LA VOCE DELLO SPOSO ESCE DALLE STANZE VICINE, PORTANDO NELLE BRACCIA UN FIGLIUOLINO DI NON PIÙ DI DUE O TRE ANNI, E VIENE INCONTRO AD AZARIA CHE ENTRA.

*Azaria.* Ester – diletto figlio – alcuni istanti
A voi concessi alfin mi son!
*Ester* Mio sposo!
*Azaria.*Al festeggiante popol mi sottrassi
Onde abbracciarvi. A' miei dover di stato,
Sacordotal congresso indi m'appella.
*Ester.*Si breve già....
*Azaria.*Nel tabernacol (dove
Religïosa pompa inni al Signore
Della vittoria appresta) io rivedrotti:
Là d'Ester mia sulla davidic'arpa
Udrò beato i dolci canti. O gioja!
Al sen vi stringo! Amato figlio, oh quanto
In picciol tempo tua beltà s'accrebbe!
Come alla madre t'assomigli, e caro
Vieppiù sempre mi sei! Vel giuro; in mischia
Mi ride il cor: degl'idolatri il brando
Misurar godo col mio brando; e pace
È per me tempo di languor che abborro:

Eppur — il credereste? — anco ove ardente
Più fervea la battaglia, a me compiuta
Gioja non dava de' nimici il sangue,
E per vedervi io desïava pace.
*Ester.*E lunga sia! Benchè, se all'ozio astretto,
Talvolta il mio signor fremere io vegga
Sospirando le pugne, ai suoi contrari
D'Ester i voti son. Non sa Azaria
Ch'ogni ora di sua assenza ora è d'affanno
A chi sol vita ha nell'amarlo?
*Azaria.* Oh sposa!
No, quando rugga nembo altro di guerra,
Ester qui non starà: presso al mio campo
Vo' che attendata col figliuol m'aspetti
Reduce dalla zuffa, e con sua dolce
Pietà lo stanco vincitor rallegri,
E ferito il conforti. Ivi cresciuto
Delle lance al fragor, più gagliarda alma
Avrà il prode futuro, e giovinetto
Del non canuto genitor compagno,
Lo vedranno i Romani e fuggiranno.
*Ester.*Valoroso! non anco hai terso il volto
Dalla polve campale, e già di nuove

Mischie tu parli?
*Azaria.* A che varrian lusinghe?
Di questi audaci figli del deserto
Scritta è, nel libro del Signor, la sorte.
Chi dagl'imperatori della terra
Omai può i ceppi ricusar, se, in ardue
Montagne inaccessibili, a selvaggia
Vita non vive, e ognor la man sull'elsa?
*Ester.* Tu dunque, fido a tua promessa, al campo
Mai non tornar senz'Ester! comun teco,
Si, vo' il periglio sempre. Oh, pargoletta
Perduto il padre non avessi! ei spesso
Dicea che al fianco suo cinta d'usbergo
Avriami adulta, onde Israel, sospinto
Dal forte esempio, a racquistar Sïonne
Armasse un dì sin le femminee destre.
Quante dolce sariami a te far scudo,
Emularti, difendere i tuoi giorni
E quei del figlio!
*Azaria.* Oh di me degna!
*Ester.* Ah, credi,
L'odio, che in te pel padre mio nutriro
I tuoi congiunti, odio era ingiusto! ei grande
Il core avea!

*Azaria.*Del valor suo fia eterna
La rimembranza: nè in te danno il pio
Cieco amor filïal — ma cieco ad altri
Esser non lice ove d'Iddio un nemico
L'abborrire è dover. — Perdona. Acerbo
Mal mio grado ti son: meste memorie
Sì fausto di non turbino: tua colpa
Non fu del padre il traviar: sei mia!
T'amo! nè di tua stirpe altro m'è noto.
*Ester.*Pur l'infelice Eleazar....
*Azaria.*Ten prego;
Ei dorme nella tomba, e più l'oblio
Che il rammentarlo giova: astio paterno
Non eredai: ma testimon vivente
Dell'empietà d'Eleazar fu Jefte,
Pari a lui d'anni quasi: e da quel santo
Petto più volte il vero udii. La fronte
Deh rasserena; al tuo consorte, al figlio
Pensa: felice essi ti vonno. Addio.
Il pontefice attende.[1]

**SCENA II.**

ESTER, E ACCANTO A LEI IL BAMBINO.

*Ester.* Ahi lassa! appena
Gli nomo il padre, e'si, corruccia. In lui
Paterno odio non è: quel Jefte iniquo
Gliel nutre; ogn'ira, ogni cagion di pianto,
Tutto da Jefte è qui. Dio di Giacobbe,
Perchè delle tue sante are ministra
Esser permetti iniquità? Ritolto
Dal popol tuo gli sguardi avresti, e novo
Fatto a te popol, della Croce i figli?
Vero saría? Deh, s'è il dubbiar delitto;
E tu il perdona! il vero amo e nol scerno.
Ma qui al tramonto il genitor.... parlargli
Potrò? avvertirlo, che il suo asilo è noto
Al tremendo pontefice? Avvertirlo
Ad ogni costo! ei fugga! indi lo sdegno
Affronterò del traditor: palesi
L'empie sue brame ad Azaria saranno:
Crederammi Azaria, sì! tra l'amico
E la moglie ondeggiar? tra indegno amico
E amante, fida, irreprovevol moglie?

**SCENA III.**

JEFTE E DETTA.

*Ester.*Al padiglion tu d'Azaria? Chiamato
Da te a congresso, al tabernacol move.
*Jefte.* Non ci scontrammo. Or qui....
*Ester.* Se riedi....
*Jefte.*Io stesso
Qui attenderollo. Oggi i solenni riti
Loco non danno a cure altre di stato.[2]
*Ester.*Del figlio mio sull'orme....
*Jefte.*Un detto. Meglio
All'util tuo pensasti?
*Ester.* Utile un veggio.
*Jefte.* Qual?
*Ester.*La virtù.
*Jefte.*Virtù son molte: scegli:
Fè ostinata, o prudenza.
*Ester.* Havvi prudenza
Dove sta infamia?
*Jefte.* E dove è infamia mai,
Quando di cauto vel fallo s'ammanta?
*Ester.* Oh ardir!
*Jefte.* e fallo onesto amor tu nomi.
*Ester.* Onesto?
*Jefte.* E farti sposa mia non bramo?

*Ester.*Oh truce idea! D'insidïar tu parli....
*Jefte.* Di porre in soglio il non prezzato merto.
*Ester.*Che?
*Jefte.* Non m'intendi? In Israello, a cento
Son de' prodi le braccia: una è la mente.
Chi regna? Ben tel sai: Jefte qui regna:
Nulla è Azaria se non per Jefte. Io gemo
Nel veder che te onor nullo distingue
Dalle altre oscure ed umili Engadditi:
Qual vita traggi, o misera? qual lustro,
Qual piacer ti circonda? E del tuo abbietto
Viver si duol pur Azaria? Nè gode
Egli in mirarti fra sue ancelle prima;
Prima forse, e non più? – Trarti vuol Jefte
Dalla tua polve: accanto a lui su tutta
Engaddi alzarti: a' piedi tuoi sommesse
Veder le tue rivali: assumer egli
Ciò che d'ingrato ha il comandar; lasciarti
Le grazie, la clemenza, i benefizi:
Udir tue lodi da ogni labbro! I sacri
Della profetic'arte alti misteri
Imparerai da me: voler d'Iddio
Fia il voler tuo. Vecchiezza verde io godo:
Ma giovin sei: del regno mio te erede

Lascio: novella Debora tu imperi
Ai figli del deserto, e in guerra o in pace
Assoluta, adorata, unica imperi!
*Ester.*Terminasti?
*Jefte.* La sorte ecco, ch'io t'offro.
*Ester.*Ed io rispondo. Ove al tuo dir credessi,
Ove non vedess'io, che tu, d'onesto
Amor parlando e di future nozze,
Tu a nulla aspiri che a sedurre, a sdegno
Pur moveriami l'impudente oltraggio.
D'ambizïon la vile esca mi tendi?
Io glorïarmi di calcar nel fango
L'emule mie? di finger teco il dono
Di profezia, che a' rei Dio non concede?
Io non al regno nata, a' piedi miei
Veder curvato un popolo di prodi?
Oh, sì, in me pure è ambizïon, ma tale
Che non la intendi.
*Jefte.* Spiegati.
*Ester.* Onorato
Compagno aver de' giorni miei; migliore
Di me; tal ch'io, più che d'amor, di stima
Arda per lui; tal, che da Dio il pensiero
Rivolgendo alla terra, il primo oggetto

Che mi s'affacci sia lo sposo: amarlo
Con timor; non con voglia empia d'impero,
Ma con dolce timor, quasi in quel modo
Ch'amo Colui ch'ottimo è solo, e sempre
D'affligger temo: e sposo tal, vederlo
Dell'umiltà della sua ancella pago,
E felice, e più amante indi e più mite,
Ed io più sempre quindi amarlo — e avvolta
Dell'altre donne infra la turba, in niuna
Muovere sdegno, eppure invidia in tutte!
Ah, tale, si, tal d'Azaria è l'ancella![3]
*Jefte* Tu mi dileggi: oh rabbia!
*Ester.* E che? non brami
La felicità mia? dessa è compiuta!
*Jefte* Menti: sul padre tuo pende il mio ferro!
*Ester.*Oh ciel!
*Jefte* Fa' senno, tel ripeto.
*Ester.*Ah, Jefte!
L'amor tuo fero in pietà cangia: acquista
Dritti all'ossequio mio: fa' che in segreto
(S'è ver che m'ami) io l'amor tuo compianga.
E spregiar non ten debba. — Oh, appien felice
Non sono, è ver! Ben più il sarei, se spesso
Appiè dell'ara, iniqui, audaci dubbi

Non m'assalisser contra Lui, che in petto
Al pontefice suo virtù non mise!
Dopo è del Ciel! di cieca fede in esso!
Tu in me vieppiù la ispira: egregio sia
Chi del Signore è in terra il nuncio! Allora
Sarò felice, sì; che allor l'egregio
Mortal di pace e di perdono il nuncio
Sarà: la mano ei porgerà primiero
All'infermo, canuto, esul mio padre,
Che nulla chiede fuorchè asilo, e seco
L'amata figlia, e obblio degli odii amichi....
*Jefte* E vantarsi che a lui dèssi il rifugio
Di questo avanzo d'Israello, ed arti
Studiar nuove onde aver scettro, ed allora
Stendardo infame alzar la Croce, e a forza
Curvarvi Engaddi!
*Ester*. No, t'inganni: ei disse....
*Jefte* Noto da lungo m' è l'astuto. — Io vita
Lasciargli posso: io (debol troppo forse)
Più ancora al reo concederò, se ingrata
        Ester non sia.[4]
*Ester*.[5]Lasciami. Orror soverchio
Omai m'ispiri..
*Jefte*. Nè sperar...

*Ester.*[6]Giammai!
No, appiè del vizio infame, in supplice atto
Non può piegarsi l'innocenza! Indarno
M'impongo di placarti: è in me una forza
Di me maggior che d'avvilirmi vieta.
E chi sei tu perch' io ti preghi? Ai giusti
Resta un Vendicator: tua sola vista
Credere in lui quasi mi toglie: vanne:
In lui creder vogl'io: null'altra aita
Vo' che la sua!
*Jefte.*[7]«Giammai» dicesti
*Ester.* Il dissi.
*Jefte.* E l'odio tuo...
*Ester.* Poco! lo spregio è sommo![8]

**SCENA IV.**
JEFTE.

Un confin v'era: entrambi lo varcammo!
Nuocermi or può costei... me? Si prevenga.
E sì amato è Azaria? sì pienamente
Felice egli è?.. Per breve tempo ancora!
Eccolo.

**SCENA V.**

AZARIA E DETTO.

*Azaria.* A me, pontefice, tu stesso!

*Jefte.*Doman fia l'adunanza: oggi....

*Azaria* Turbato

Mi sembri.

*Jefte* Zelo d'amistà soverchio

Toglie talor, senza ragion, la pace.

*Azaria* Che dici?

*Jefte* Nulla. In altro tempo.... or troppo

Errar potrei. – Ma delle tue vittorie

Dimmi....

*Azaria* No, ti scongiuro: infra i miei servi

Scandal sariavi che del giusto il core

Affligga?

*Jefte* Si.

*Azaria* Ti spiega.

*Jefte* In altro tempo;

Tel dissi.

*Azaria* E a che?

*Jefte* Bollente alma sei troppo.

Vani sospetti miei potrian giudizio

Ispirarti non retto.... e prematuro.

*Azaria* Jefte!

*Jefte* Sommesso parla....

*Azaria* Di che temi?

Ester là.

*Jefte* Taci.

*Azaria* I tuoi sospetti....

*Jefte* Io t'ebbi

Qual figlio sempre: or, se prudenza impongo,

E freddezza, e silenzio,... ubbidirai?

*Azaria*Tel giuro.

*Jefte* Ascolta.— Un angiolo d'amore

Credo ella sia.... ver te.

*Azaria* Sì; ma tu....

*Jefte* Dubbio

Non n'ebbi mai. Pontefice ha severi

Dover: la vigilanza! e più se lunge

Dal padiglion domestico è il guerriero.

Io su questa colomba, insidïata

Forse, vegliar doveva.

*Azaria.* Io ten pregai.

Non ch'Ester....

*Jefte* No, capace Ester di colpa....[9]

*Azaria.*Non è.

*Jefte* Non credo.

*Azaria.* Ah, per pietà, mi svela
Quest'orribil segreto!
*Jefte* E a furibondo
Impeto già trascorri? – Anzi ch' io parli,
Rammentar dei, che ad inesperta donna
Indulgente esser vuolsi. A beltà somma
Lacci il maligno tende ognor.
*Azaria.* Che sento?
Raccapricciar mi fai.
*Jefte* Mai del sentiero,
No, di virtù non uscirà: gentile,
Religïosa, candida è quell'alma.
Sol vigilar conviensi, onde il veleno
Di giovenile passïon non tolga
Al Signore ed a te tesor sì degno.
*Azaria.*D'un rival....
*Jefte* Temo.
*Azaria* E già certezza?....
*Jefte* Indizio.
*Azaria.*Come?
*Jefte* Jefte solea, quando altra volta
Tu givi al campo, in volto ad Ester lunga
Trovar d'alta mestizia orma pietosa
Che inteneria. La nuova luna al campo

Or t'appellò: ben atteggiata al duolo
Era la donna (e certo a lei sei caro!
Non esser tal puote Azaria?) ma vidi
Ch'oltre al dolor di tua partenza, un'altra
Ansïetà premeala.... e troppo io t'amo
Perchè ciò a me non increscesse....[10]
*Azaria.* Ah, tutto
Detto non hai!
*Jefte* Potresti udirlo?
*Azaria.* Il posso.
*Jefte.* Io le parlai di te sovente: e il pianto
Talor correale agli occhi: umano core!
Noto mi sei. Quel pianto era (o parea)
Di cor nato a virtù, che abbandonarla
Non vuol.
*Azaria.* Oh rabbia! e il traditor?
*Jefte.* Nol vidi.
Se non da tergo.
*Azaria.* Quando? ove?
*Jefte.* Sta mane.
*Azaria.* Qui?
*Jefte.* No.
*Azaria.* Fuor della tenda Ester!
*Jefte.* T'acqueta,

Fuori, sì.

*Azaria.* Dove?

*Jefte* Loco evvi, non lunge,

Ma solingo, appartato, ove ogni via

Manca, e protetto dalla rupe. O l'empio

Che t'insidia la sposa, o un messo infame....

*Azaria.*Sta mane!

*Jefte.* Sì.

*Azaria.* Ma il dì spuntava, e io giunsi.

*Jefte.*Prima del dì.

*Azaria.*No, no! truce calunnia

Ti riferian!

*Jefte.*Non m'odi? io 'l vidi, io stesso;

Che del vicin ritorno tuo recando

L'annuncio a lei, qui non la trovo: ansante

Erro: oltrepasso quella balza: uditi

Forse erano i miei passi: un uom si fugge:

Ester confusa....

*Azaria.* Che ti disse?

*Jefte.* Aiuto

A infermo vecchio....

*Azaria.* Ed era ei tale?

*Jefte.* Il bramo,

Ma....

*Azaria.*[11]Tal nol credi. Ah Jefte!
*Jefte.* Il giuramento!
*Azaria.*[12]Osservarlo non posso!
*Jefte.* Empio! lo sdegno
Provocherai del cielo? Ecco onde nasce
La tua sventura! irreverente guardi
Chi con un cenno il nulla anima e atterra.
Mertavi tu d'esser felice? insulta
Religïon, la insulta; i suoi tremendi
Fulmini a scherno l'abbi, ed Ester rea....
Rea fosse pur, giustificata è appieno!
Così balzato è nell'obbrobrio l'empio!
*Azaria.*Oh spavento!
*Jefte.* Che dissi? – Ah, in mia possanza
Non è lo spirto, se lo investe Iddio!
Fera allor, mal mio grado, esce dal labbro
La tonante parola: altri in me parla!
*Azaria.*Pontefice d'Iddio, pietà! M'è sacro
Ogni tuo detto.
*Jefte.* Il giuramento osserva.
Esser colei potria innocente, e oltraggio
Imperdonabil ogni tua rampogna.
Simula pace, amor, dolcezza: il tempo
Corremo: ascosa star non può la colpa.

*Azaria.* E se....

*Jefte.* All'infame seduttor la morte:
In Ester.... colpa esser non puote, o lieve:
Nobile ha il cor.

*Azaria.* Ma di rea fiamma acceso!
Oh, che imparai? Non sogno io dunque? Io vile
Quasi a lei servo! io che di niun mai tremo,
Eppur del biasmo suo spesso arrossiva,
Come debil fanciullo! io che obliato
Avria per lei.... te, il mio migliore amico,
La gloria, e — inorridisci! — anche gli altari!
Oh ingratitudin non udita, atroce!
E quei modesti, umili atti soavi?
Scellerata arte! arte e null' altro! — Jefte,
In me t'affida: tacerò: un istante
Da' tuoi consigli (nuovamente il giuro)
Dipartirmi non vo'. Ma in ciel possenti
Sono i tuoi preghi: assistimi: allontana
L'orribile sciagura! Offerte al tempio
Chiedi: tutto! il mio sangue anco ti dono!
Ma colei sia innocente!

*Jefte.* Al ciel nulla evvi
Impossibil: t'umilia, e prega, e spera.—
Ma i cantici del volgo odo: ecco l'ora

Del sacrificio.

*Azaria.* Or or ti seguo. Ad Ester

Mostrarmi vo', ma, tei prometto, mite.[13]

**SCENA VI.**
AZARIA ED ESTER.

*Azaria.*[14]Ester!

*Ester.*[15]Del popol salmeggiante questa,

l'armi, è la voce: andiam.

*Azaria.*[16]Tanta bellezza,

Tanto candor!

*Ester.*[17]Che miri?

*Azaria.*[18]Ester!... tu m'ami?

*Ester.*[19] Oh, il sai!

*Azaria.* No, tu non menti!

*Ester.*[20] E puoi?...

*Azaria.* T'offesi?

Deh, dimmi il ver: t'offesi io mai?

*Ester.*[21]M'offendi

Quando mel chiedi.

*Azaria.*[22]Ah in quegli sguardi brilla

L'ingenuo core! oh me infelice![23] – Andiamo.

§Note

1. Abbraccia di nuovo teneramente il figlio e parte.
2. Il bambino va nelle sue stanze.
3. Con dignitoso trionfo.
4. Vuol prenderla per la mano.
5. Non può più frenarsi.
6. Con tutto l'impeto della virtù sdegnata.
7. Furibondo.
8. Va nelle sue stanze.
9. Esitando.
10. Si ferma come se avesse terminato.
11. Fuori di sè.
12. Smaniando.
13. Jefte parte.
14. S'accosta alle stanze d'Ester e la domanda.
15. Esce: ella è vestita con modesta pompa.
16. Tra sè.
17. Con affetto.
18. Persuaso dall'amore, si abbandona alla fiducia.
19. Con tenerezza.
20. Senza inquietudine non dubitando di nulla.
21. Sempre credendo ch'ei non parli che per eccesso d'amore.

22. È fieramente agitato dal timore d'ingannarsi: inosservato la guarda con ira, ma se incontra gli occhi di lei, non osa più dubitare della sua virtù.
23. Si turba di nuovo, ma dissimula.

## ATTO TERZO

### SCENA I.

ESTER VIENE DAL TEMPIO CON PASSO FRETTOLOSO, GUARDANDO INTORNO S'ALTRI NON LA OSSERVA.

Nessun m'insegue. Ah, purch'io 'l trovi! Ancora
Non è il tramonto.[1] – Eccolo: ei giunge.

**SCENA II.**
ELEAZARO E DETTA.

*Eleazaro.*[2] Amata
Figlia.... ma che t'affanna?
*Ester.* Al tempio stassi
Tuttor la folla: d'Azaria il ritorno
Si celebrò con lieta pompa.
*Eleazaro.* Il suono
(Allor ch'io ti lasciai) per le festose
Valli echeggiar della vittoria intesi:
Ed io, sovra macigno arduo salito,
A rimirar mi stava, e d'Israello
Vedendo l'aste a luccicar, memoria
In me svania che da' fratelli miei
Espulso io vivo; e palpiti di gioia
Pe' lor trionfi mi sorgea nel core.
*Ester.*Padre....
*Eleazaro.* Onde lieta non sei tu? Allo sposo
Forse dicesti?...
*Ester.* Ohimè!
*Eleazaro.* Speranza, il veggio,
Non mi riman! — Ciò non ti turbi: avvezzo

Sono al dolor. Parlarti alcuna volta,
O guardarti da lunge, a me conforto
Recherà pur non lieve: anco la madre
Un dì, se in lei riede salute alquanto,
A benedirti scenderà.
*Ester.* Infelici,
Più che non credi, siam. Piegar l'avverso
Cor d'Azaria spero tuttor, ma il crudo
Pontefice t'insidia.
*Eleasaro.* Egli!
*Ester* I tuoi passi
Tutti conosce e il tuo ricovero. In altro
Speco lontano uopo è ritrarti, e tosto.
Dal tuo novello asilo, in fra tre notti,
Picciola fiamma innanzi all'alba accendi
Sovr'erta rupe; io noterò quel loco.
Azaria placherò, quindi io medesma
Volerò a te.
*Eleazaro.* No, figlia: a Jefte noto,
Già immolato sarei; nulla ei sa.
*Ester.* Dirti
Dunque degg'io ch'a infami patti ei m'offre
i giorni tuoi?
*Eleazaro.* Che?

*Ester.* Di vergogna avvampo.
Sì, per me Jefte d'empio amor delira
Già da gran tempo: e poichè vana ogn'altra
Arte gli torna, or con minaccia orrenda
Osa assalirmi. — Ahi, che ti dissi? Oh come
Fremi! Padre, ti calma.
*Eleazaro.* Ah con tranquillo
Spirto, qual mi credea, tutte non posso
Soffrir le angosce, onde m'abbevri, o Dio!
Troppa è questa: a furor tratto mi sento!
Cristiano io son, ma fui guerrier: la destra
Si ricorda del brando! — Io perdonava
All'impostor l'a me rapita pace
E il comando e la gloria e il tetto mio;
Ma oltraggiar la mia figlia!
*Ester.* E che potresti
Contr'uom cui sacrosanta ara fa scudo?
Contr'uom che accenna, ed il suo cenno è morte?
Fuggirlo è forza. Bilanciar sua possa,
Tranne il mio sposo, a nullo altro è qui dato;
Nè agevol pur ciò fia: del ciel l'aiuto
Uopo c'è assai; ma questo, deh, t'affidi!
Più ch'ogni legge, non la tua tel dice?
D'iniquità caduco è il regno. — Ah, vanne.

*Eleazaro.* Caduco, sì, ma nel lor regno, ahi quante
Vittime atterran! — Qual m'invada or fero
Spavento dirti non poss'io: mi splende
Dell'avvenir quasi un orribil lampo.
Spregiato amore in truce odio mutarsi
Veggio! te scopo del possente all'ira!
Te di perfidie e di calunnie cinta:
Te della tua innocenza e d'esser figlia
A genitor non reprobi punita!
Ester! Ester! quel mostro, io solo appieno,
Io 'l conosco! me misero! salvarti
Chi da lui può?
*Ester.* D'Ester lo sposo, e il cielo.
Soverchio amor vana t'ispira, o padre,
Vana temenza.
*Eleazaro.* Eppure.... odi: se a lungo
Separati noi fossimo.... o per sempre
Quaggiù (perocchè in ogni ermo covile,
Credi, quel figlio di Satan crudele
M'inseguirà); se poco a Jefte il sangue
Fosse che nelle vene a' tuoi parenti
Lasciarono i martirii e la vecchiezza —
Odi, frena i singhiozzi — e quest'affanno
Fosse presago del futuro, e infausto.

Retaggio, ahimè! tua divenisse un giorno
La paterna sfortuna; anco retaggio
Deh! siati allora la costanza! il padre
E la madre rammenta: e più rammenta
Il loro Iddio, ch'è degli afflitti il Dio!
Amalo, il prega, e a te verrà!
*Ester.* Mio padre,
Diletto padre!
*Eleazaro.* Di costanza io parlo,
E in lacrime mi stempro? Ah no; fralezza
Indegna è questa. Ester, coraggio! addio.
Da qualche monte, infra tre notti, il segno
Ti porgerò del mio soggiorno.
*Ester.* Abbraccia
La genitrice. I passi tuoi nascondi,
Ten prego, a ogn'uom; nel ritornarten, visto
Stamane eri da Jefte; anzi il torrente
Inselvarti non puoi?
*Eleazaro.* Sì, più scoscesa,
Ma più celata è una salita: il masso
Tosto m'asconderà.[3]

**SCENA III.**
ESTER.

Vigor, prestezza,
Scampo donagli, o ciel! – Di quai sciagure
Vaticinò? che dir volea? sciagura
Havvi maggior di questa? ambi raminghi
I miei cadenti genitori; in tema
D'un pugnal sempre; ricovrarsi astretti
Infra i leoni del deserto! – Oh vista!
Sbranati là sovra remota rupe....
O di duolo spiranti.... ovver di fame!
E nessun che alle vecchie ossa infelici
Scavi una tomba! i moribondi detti
Nessun che a me riporti! invan la figlia
Benedite morendo: ella non v'ode,
Lontana piange!

**SCENA IV.**

DOPO CHE ELEAZARO FU PARTITO, AZARIA E JEFTE ENTRARONO NELLA TENDA. NON TROVANDO COLÀ ESTER, AZARIA ESCE FURENTE, E MAL TRATTENUTO DAL PONTEFICE, PROROMPE SIN DI QUA DALLA RUPE, E SORPRENDE ESTER, ALLORCHÈ FINISCE DI PARLARE, E LE SUE LACRIME SONO PIÙ DIROTTE.

*Azaria.* Oh infame pianto! Il giorno
Del mio ritorno a' scellerati è lutto!
Di pien lutto fia giorno![4]
*Ester.* Ove? quai detti?
Qual rabbia insana?
*Azaria.* Perfida! e tu pure
Trattenermi osi! Qui diceansi addio
I mesti amanti: ultimo addio, tel giuro!
O s'altro udir ne vuoi, qui strascinato
Appo la fida sua, qui, sotto a' colpi
Del mio acciar replicati il caro petto
Ti manderà l'ultime voci!
*Jefte.* Arresta:
Così m'ascolti?
*Azaria* Il mio furore ascolto.

**SCENA V.**
ESTER E JEFTE.

*Ester.*Io d'empio amor tacciata?
*Jefte.* Invan frenarlo
Volli: te nella tenda ei non rinvenne,
E forsennato qui proruppe.
*Ester.* Indegno!

Da te vien la calunnia!
*Jefte.* Oh ciel! Ma l'orme
Del padre tuo ben troverà: scoperta
Tua innocenza ecco tosto.
*Ester.* E duolti, il veggio:
E perciò di fermarlo era tua mente;
Nutrir l'empio sospetto, agl'ingannati
Occhi suoi farmi vil; no, nol potrai!
D'Eleazar raggiunte abbia pur l'orme;
Che temo alfin? D'inerme esule vecchio
Trucidator puole Azaria mai farsi?
Il basso cor non ha d'un Jefte. Oltraggio
Mi fea: ma generosa alta vergogna
Nell'offensor sottentrerà. – Già torna....
*Jefte.* E nell'ira ritorna.

SCENA VI.
AZARIA, E DETTI; INDI POPOLO.

*Azaria.* Ove s'appiatta?
Ove n'andò? da niuna parte il vidi.
Qui intorno forse ti nascondi? – Iniquo
Adultero, esci! Farmiti rivale
Ardivi, e, oh doppia infamia! eri un codardo!

Donna, tai scegli i tuoi campioni? E speri
Che al furor mio la sua viltà il sottragga?
Lo speri invan! – Ma intrepida le ciglia
Ergi all'offeso signor tuo? Tant'oltre
È già il fallir, che inverecondo esulta?
Trema!
*Ester.* Secura l'innocenza è sempre.
*Azaria.*Oh baldanza! ma tarda è. Già m'è noto
Che mentre al campo io stava, a parlamenti
Ester furtivi, e innanzi giorno e a sera,
Col suo amante venía. Cogli occhi miei
Or me ne accerto: e so ch'Ester è avanzo
Ultimo di sua stirpe (ah, d'esecranda,
Apostata, pur troppo, iniqua stirpe! )
So ch'uom non evvi in terra, a cui dar possa
Senza colpa Ester detti occulti e pianto:
Insomma, più ch'io non vorrei, tua colpa
Emmi chiara, innegabile: e tu accresci
Lo sdegno mio coll'impudenza.
*Ester.* Il padre....
*Azaria.*Rammentar osi che un fellon t'è padre?
Cosi nol sapess'io! così tu stessa
Non mi mostrassi che smentir non puossi
Reo nascimento mai! La fè, l'onore

Aversi a scherno, ereditario è dritto
In voi, genía di Galilei! sembianza
Umíl, santa, pudica, e in cor l'altare
Del rio demon, l'ipocrisia, la gioia
Crudel del mal! — Me affascinato ed empio
Che i nemici di Dio miei non chiamava!
Ma d'abborrirli eternamente or giuro,
Più che i Romani non abborro.
*Ester.* Arresta:
Sappi....
*Azaria.* E inseguirli ovunque, e sterminarli
Giuro, e lavare ad Israel la taccia
D'avere infetto di tal peste il mondo!
Ma qual tremor m'invade? Oh! scelto avessi
Infra i seguaci della Croce il drudo?
Nobile amor! più di te degno! E gioia
Maggior n'avrà questo assetato, fido
Brando giudeo. — Colui mi noma: intendi?
    Il nome.
*Ester.* Sciagurato! ed avvilirti
Puoi tanto? e....
*Azaria.* Tarda, già tel dissi, vana
Ogni menzogna: il tuo delitto è certo:
Sol vo' saper....

*Ester.*Che un tradimento è questo
Dell'iniquo pontefice, in cui mira
Dipinto in volto il giubilo feroce
Del dolor nostro: ciò saper t'è forza,
Ed arrossir di tua ingiustizia.
*Jefte.* Oh prova
Or di compiuta iniquità! l'audacia,
E la calunnia! – Come? io?
*Ester.* Costui dirti
Potria qual era il misero fuggiasco;
Ma d'ignorarlo ei finge, onde te accechi
Furor geloso a danno mio. Lo affida
Speranza ch'io nomar uom non ardisca,
Cui morte giuri tu. Ma il giuro insano
Sciogli soltanto, e fè sacra mi dona
Che, qual pur siasi quel mortale, illeso
Fia dal tuo acciaro, e in un (con generosa
Difesa) da' pugnali, ahi più tremendi!
Di costui, liberato, – ed io tel nomo:
E fia palese mia innocenza.
*Jefte.*Ondeggi,
Azaria?
*Azaria.* Che paventi? In dubbio sono
Se in lei maggior l'infamia sia, o l'audacia,

O la stoltezza. – E chi t'intende, o donna?
Qual colpa osi tu apporre a intemerato,
Sacro ministro del Signor? Mal nota
Anco di Jefte la virtù a me fosse,
E a lui qual util dal mentir? Tu stessa
Le ambagi che dal tuo labbro profano
Escon, non sai. Spiegale or su. Ma ch'io
Al tuo amator scudo mi faccia! a questo
Giuramento allacciarmi! empia, e lo speri?
*Ester.*Ma se innocente io son: ma se infelice
Profugo vecchio....
*Azaria.* Oh rabbia! ecco la turba
Già ne circonda: pubblico è già fatto
D'Azaria il disonor.
*Ester.* Pubblico fia
Del colpevole vero il disonore!
Jefte....
*Jefte.*[5]Udite. Convinta è di rea fiamma
Questa immemor di sè, moglie del prode:
E al suo delitto orrendo or fia che aggiunga
De' sacerdoti il vituperio?...
*Ester.* Udite
L'accusa pria: si scolpi quindi il reo.
Il vergognoso arcano in oblio eterno

Giacer dovrebbe: ma alla luce addurlo
Costretta io son. D'impura fiamma egli arde
Jefte, sì....
*Azaria.*[6]Che? il pontefice?
Non s'oda.
O scandalo! oh calunnia! Ella bestemmia.
*Popolo.* Lapidiamola!
*Azaria.* Fermate. Io più di tutti
Contro la scellerata, io d'ira avvampo:
Io tradito consorte! io solo ho dritto
Di far di Jefte le vendette e mie!
Ester, palesa il mio rivale, o muori.[7]
*Jefte.*[8]Arretra! in nome del Signor, lo impongo.
Per gli oltraggi a me fatti, altra vendetta
Che il perdon non vogl'io.... Per la tradita
Fè coniugale, indizi abbiam non lievi,
Ma non piena certezza; ed Ester mai
Confessar non vorrà tanto delitto.
Osservisi la legge. — Allor che infida
Al dover suo moglie si crede, e prova
Del misfatto non v'ha, Mosè comanda
Che al geloso consorte un sacro rito
L'indubitabil colpa, o l'innocenza
Mostri dell'accusata.

*Ester.* Oh ciel!
*Jefte.* L'amara
Componete, o Leviti, acqua tremenda,
Onde abbevrar si debbe Ester sospetta,
E a cui, se pura è l'alma sua, niun danno;
E, se adultera fia, recherà morte.
*Ester.*Misera me! Azaria, così rammenti
Ester tua? la sua fè, l'ossequïoso,
Tenero, immenso amore? E creder puoi
Ch'a un tratto scellerata io mi facessi?
Jefte tel dice: ah il cor no, non tel dice!
*Azaria.*Ester....
*Ester.* Pietà, ten supplico.
*Azaria.* Strapparle
Io voglio il ver.
*Jefte.* Lo indagheresti invano.
A voi, Leviti, io la consegno.
*Ester.* Aita!
Difendetemi! Sposo!
*Azaria.* Olà!
*Jefte.* Svenata
Dal geloso marito esser potrebbe,
Benchè appien forse ella nol merti. Chiusa
Sia nella grotta de' prigioni: e il rito

Formidabile intanto appresteremo.
*Ester.*Io chiusa in carcer? preda io di quel mostro?
No.... lasciatemi.... udite.... il fuggitivo
Era.... ohimè lassa!... e il tradirò?
*Azaria.* Favella:
Il fuggitivo, chi?
*Ester.* Niuno il persegua:
No, rival tu non hai! Da Jefte il salva,
E il nomerò.
*Azaria.* Qual forza in me tuttora
Fa mal mio grado quel suo pianto! ah, ogn'altro
Sia, fuorchè un mio rival, salvo è colui:
Nomalo.
*Ester.* Giura.
*Azaria.* Il giuro.
*Ester.* Egli è.... mio padre!
*Tutti.* Eleazar!
*Jefte.* Menzogna!
*Azaria.* A scherno prendi
Così la mia pietà? Noto a ciascuno
Non è ch'Eleazar cadde a Sionne
Dagli idolatri sacerdoti estinto?
*Ester.*Da quella strage Iddio scampollo. Egli erra
Su questi monti: Jefte il sa.

*Jefte.* Che intendo?
Oh impostura! Un istante anco vissuto
Saria in Engaddi il traditor, se Jefte
Scoperto ve l'avesse? il mio nemico!
Il nemico d'Iddio! l'uom che più abborro!
Ma udir che val sì strane fole? È polve
Eleazar da lungo tempo.
*Ester.* Ei vive.
I dì paterni a me Jefte donava,
Sperando che al suo amore empio io cedessi.
*Jefte.*Che ascolto!
*Popolo.* Lapidiamla!
*Azaria.* Orror mi fai:
Va', sciagurata, io t'abbandono.
*Ester.*[9]Oh sposo!
Del vero almen chiarisciti: rintraccia
Eleazar; ma il giuramento osserva.
*Azaria.*Rintracciarlo? ma dove?
*Ester.* A lui ricetto
Più giorni fu di David l'antro.
*Jefte.* E nulla
Ommetter dessi onde risplenda il vero.
All'antro di David manda, o Azaria,
Ad appurar s'uom v'albergò, e chi fosse.

Ma or fin si ponga a inutil gara: il cielo
Giudice è qui; taccia il mortale e adori.
*Ester.* A te, Azaria, m'involano! dorratti
Di questo error: tardo non sia il rammarco!
*Azaria.* Fermati: Quali accenti? Ester![10]
*Ester.* Il figlio
Ti raccomando.
*Jefte.* A forza si disvelga.[11]

**SCENA VII.**
AZARIA E POPOLO.

*Azaria.* Barbari! – Ma che parlo? in me alcun dubbio
Rimane ancor? Faccia di vero almeno
Avesser sue menzogne! Eleazaro
Redivivo? oh stoltezza! oh malaccorti
Vani ripieghi! e chi seducon? – Jefte
Un traditor? L'amico mio! furente
Di sacrilega fiamma esso? il custode
D'ogni virtù! quel pio, quel santo vecchio!
Quello a noi tutti, e più a me, duce e padre!
A tal accusa è universal lo sdegno,
Il raccapriccio. – Ester, credete, amici,

Fuor di senno era: un infernale spirto
La sua mente invadea! — Che disse? Il figlio
Raccomandommi![12] Il figlio! — Oh, più che morte
Orride, strazïanti, infami angosce![13]

**§Note**

1. Entra nella sua tenda, prende un canestro di frutte, e tosto esce. Vien fino al di qua della rupe.
2. Riceve il canestro che essa gli dà.
3. S'aggrappa per un'erta dove sparisce subito dietro i macigni.
4. Snuda la spada, e vuol correre in traccia del creduto rivale ; Jefte ed Ester lo trattengono.
5. Al Popolo che s'è venuto adunando a poco a poco.
6. Furente contro Ester.
7. Ponendole la spada alla gola.
8. Con forza allontana Azaria.
9. Mentre vogliono trascinarla via.
10. Corre a lei.
11. Il Popolo obbedisce, e trattiene Azaria, mentre i Leviti conducono via Ester.
12. S'intenerisce, poi questo stesso pensiero lo respinge al furore.
13. S'avvia alla sua tenda, e cade il sipario.

**ATTO QUARTO.**

Ampio sotterraneo scavato dalla natura nel monte, senza alcun lume.

**SCENA I.**

ESTER È SVENUTA: AZARIA CON UNA LANTERNA ERRA QUA E LÀ CERCANDOLA.

*Azaria.*Per questi negri avvolgimenti il piede
Inoltro, e non la trovo. – Ester! – Non m'ode!
Ma, oh ciel! che veggio? Stesa al suol? Fia dessa?
Morta?... Ahi lasso! qual tremito! – Accertarmi
Non oso: l'amo io forse ancor?[1] – Svenuta

Forse.... orrendo pallor le sta sul volto....
Parmi? o respira? Oh lagrimevol vista!
Chi mi regge? Io vacillo. – Oh amata donna!
Così vederti dovev'io? Quel labbro,
Sì vivo un dì, bianco! appassito! aperto,
Ma spente le pupille! – Ah no, non vive,
Perduta io l'ho! – Che dici? Eri tradito:
Fingeva amarti, e un altro era il suo amore:
Indegna! – Eppur sì giovine! sedotta
forse! Chi sa? fors'anco in sè il nascente
Involontario affetto ella con aspri
Martiri combattea: vittoria un giorno
Avria ottenuto la ragion. – Mertava
Io l'amor suo? Fremente alma, iracondi
Modi, ingiusti sovente.... ah, l'infelice
Voleva amarmi e non potea! Mia sposa!
Ester! – Fredda ha la fronte.... il core.... è muto!
Oh, come sotto questa mano un tempo
Palpitava quel cor! – Ma dove io sono?
A che venn'io? furor, vendetta io dianzi
Spirava, e or piango. Il sento, un vil son io,
Virtù non ho: schiavo d'amore io sono:
    Cieco idolatra di costei. – Sì, riedi,
Riedi alla vita: iniqua sei, ma vivi!

Ch'io muoia, ma tua voce anco una volta.

Tua cara voce all'alma mi penetri!

No, non m'inganno, mosse ha le pupille:

Oh speme! Ester! soccorrasi.[2]

*Ester.*[3]Ahi me lassa!

Oh sogni orrendi!

*Azaria.* Misera, t'incuora.

*Ester.*[4]Abbominando è questo altar.... Più Dio

Con Israel non è.

*Azaria.* Che intendo? al novo

Culto forse delira?

*Ester.*[5] Ov'è la sacra

Onda?... l'amata tua destra.... la versi

Su questa fronte: il tuo Signore è il mio.

*Azaria.*Oh sacrileghi accenti! Ester....

*Ester.*[6] Qual voce!

Sorpresi siam: deh fuggii

*Azaria.* Oh! a colui parla!

*Ester.*[7] Qual luogo è questo?... e tu, chi sei? Fia vero?

Diletto sposo, tu?

*Azaria.*[8]Perfida!

*Ester.* E taci?

Pregno hai di pianto e d'ira il ciglio?[9]

*Azaria.* Io sono

Il più infelice de'mortali: un vile,
Offeso sposo, che abborrir l'ingrata
Che il tradisce vorrebbe.... e l'ama ancora,
Miseramente l'ama!
*Ester.* Ahi! mi si schiera
Nella mente il passato. In carcer sono....
Qui fra l'orror delle tenebre, oppressa
Da disperato duolo, errai gran tempo:
Indi la lena mi mancò: sperava
Di finire i miei mali.... ahimè; ancor vivo!
Ma te chi guida appo colei che spregi?
*Azaria.* Chi? Non ben io mel so: smanie feroci
In un di sdegno e di pietà e d'amore:
Brama di trar del ver piena certezza,
E brama in un d'illudermi più sempre:
Sognar ch'un'Ester fida ebbi, a cui, solo,
Io sovra ogn'altro, io sol fui caro.... e a quella
Ester d'allora creder ciecamente
Un istante, e morir!
*Ester.* Barbaro! ingrato!
Or, sì, funesta benda ora hai sul ciglio!
Ma cadrà: noto fia ch'Eleazaro....
*Azaria.*L'inutil fola anco ripeti? I messi
Dalla caverna di David tornaro:

Deserto è il loco. Tu aggiungesti, scaltra,
Che da te mosso il padre iva cercando
Più selvaggi antri: in ogni balza or Jefte
Suoi fidi manda ad esplorar. Ma tempo
È di lasciar cotai lusinghe: — Ascolta:
Fero pensier qui mi guidò e pietoso:
Pubblica, indubitabile fra poco
La tua infamia saría; truce la morte.
Il vedi: un ferro io qui recava.... Ahi, cade
Il mio coraggio or nel mirarti!
*Ester.* Oh Dio!
*Azaria.*Qual ti si appresti formidabil rito
Dalla mosaica legge, il sai: tremende
Imprecazioni, e portentose preci
Sacerdotali attraggono dal cielo,
In consacrata tazza, ira che è morte
Spaventevole a rea donna, in atroci
Spasimi a lei le viscere stracciando.
Da quelle orrende angosce, io liberarti
Qui giungendo volea, me svenar poscia,
E lasciar dubbia la tua colpa almeno:
Lasciar che alcuni dir potesser: «Forse
Del feroce Azaria vittima cadde
L'innocente Ester.» Dolce erami, in parte,

Far esecrata la mia fama al mondo,
Onde in parte la tua redenta fosse. –
Vibrare il colpo, no, non posso: il ferro
Donar ti posso: arbitra far te stessa
Di sottrarti a nefandi, obbrobrïosi
Tormenti, di sfuggir l'aperta taccia
Di moglie infame!
*Ester.* E qual tormento è pari
A si spietati detti?
*Azaria.* Io perdonarti
Innanzi al mondo, nol potrei: qui, scevro
Di testimon che mia fralezza irrida,
Qui, innanzi al solo Iddio, potrò morendo
Perdonarti: il potrò. Mortal superbo
Son con ogn'uom: con te il mio orgoglio è nulla.
Il dominar più non mi cal: l'amarti
Era mia gioia! nol volesti: gioia
Una mi resta, il morir teco. Scegli:
O qui con pronta, a entrambi onesta morte,
O (se a piè dell'irate are tu spiri)
Là vedermi trafitto.
*Ester.* Ogni tuo accento
Esprime sì crudel, ferma credenza
Che spregevole io sia, che omai non oso

Sperar di trarti più d'inganno. Ogn'altro
Ch'Azaria disdegnosa a tanti insulti
Mi troverebbe, aspettatrice muta
Del velen che il pontefice m'appresta:
Ma tal tu sei che, da' tuoi piè calcata
Indegnamente, anco onorar ti debbo
E amar! — Tu parli di morire! a vile
Abbimi pur, compier da Jefte lascia
Questa orribil vendetta, e vita e fama
Rapirmi! Ester vuoi rea? ch'io il sia! Ma vinto
        Com' uom volgar da una sciagura è il prode?
Eran vèr me tuoi dover tutti? Il duce
Chi d'Israel? non è Azaria? Ti è aperto
Immenso campo di letizia ancora
E di virtù e di gloria: indi ritrarti,
Bassezza fòra, codardia. — Sei padre:
Tocca a me il rammentartelo? Al mio Abele
Fia lieve danno orbo restar di madre;
Ma il genitor parte di vita è a lui:
Da te gli esempli di valor, di grande
Alma, da te ben imparar sol puote.
Ahi, fra straniere mani abbandonarlo
Quel caro pegno, ell'è barbarie troppa.
A te basti ch'io muoia: il tuo rancore

Non stender oltre. Mie sembianze, è vero,
Serba il picciolo Abel: ricorderanti
Ester talvolta, ma ciò a lui perdona....
E ciò un dì forse a te fia caro....
*Azaria.* Oh interna
Inesplicabil guerra! oh incanto!
*Ester.* Io dolce
Presagio n'ho: caro ti fia la madre
Ricordar del tuo Abel! Breve trionfo
Ha la calunnia: cadrà un dì la larva
Che in Jefte asconde l'avversario antico,
Il rio Sàtana: allor la mia innocenza
Canteran meste le figlie d'Engaddi,
E tu quel canto udendo, alcun sospiro
Mi donerai, tu guarderai pietoso
D'Ester la tomba.
*Azaria.* Ed io resisto? – Ah, il vedi,
A quale stato di viltà lo hai tratto
Questo altero guerrier! Tue colpe ei scerne,
Del tuo mentire è conscio, ei raccapriccia
In ascoltar di Jefte il nome santo
Profanato da te; pure ad un tempo
Tuoi finti detti il bèan. – D'Ester la tomba?
Non la vedrò giammai!

*Ester.* Mie colpe scerni?
Ma perchè si tenace è il creder tuo
A scellerato amico? ad uom che spinse
La sua baldanza atroce (inorridisci!)
Sino ad offrirmi, del tuo scempio rea,
La man di sposo? – Mi respingi? Indarno
Dunque?...
*Azaria.* Pacato ancor vorrei parlarti.
Inestinguibil di ragion v'è un lume,
Che i giudizi dell'uom guida: quel lume
Splende anco a te. Ben da te stessa il vedi,
Che niun di Jefte creder può giammai
Infamia tanta: d'un mortal che tutti
Omai trascorsi, e tutti nella via
Di virtù più severa ha gli anni suoi.
È ver, fu pura anco tua fama un tempo:
Ma giovin sei; ma contro te una mera
Voce non è che attesti. Al sacerdote
Ombra di colpa niuno appon: ma vista
Col fuggiasco, tu il fosti: io là, piangente
Dei teneri congedi, io ti sorpresi:
Ciò negar tu nol poi. Che giova adunque
Il finger più? Scegli un partito alfine
Men reo, men vano: il fallir tuo confessa,

Solo a me, qui: niuno il saprà. Tua piena
Fidanza in me, prova mi fia che indegna
Appien non sei del mio perdon: ciò basta
Perchè di Jefte stesso io l'ira affronti,
L'ira d'Engaddi intera, e ad ogni costo
Dal già decreto rito io ti sottragga.
*Ester.*Ed io pacati detti ancor rispondo. —
Lume che guida uman giudizio, è falso
Lume talvolta: ah nol sapea, lo imparo!
Io del creduto estinto padre mio
Il riviver narrai; ciò inganno sembra:
Dissi ove stanza avea: niun voi ritrova,
E ciò maggior sembianza di menzogna
Reca al mio dir. Che intera Engaddi quindi
[p. 134]
Fè non mi presti, non poss'io biasmarla.
Ma ben soggiungo, ch'ove altrui fa forza
Apparenza fallace, havvi a cui nulla
(D'ogni apparenza ad onta) altro far forza
Dovria, che il vero: ed è colui che un cuore
Possedea tutto, e le più ascose falde
Ne conosceva, e mai palpito reo
Non vi rinvenne, ed ora ode assevrarsi
Da stranie lingue, e con pretese prove,

Che quel core era negro di perfidia!
*Azaria.*Ester!... mi sedurresti, ov'io di Jefte,
Da ben più lungo tempo, il cor sublime,
Puro non conoscessi. Ogn'altro in terra
Calunniato avessi, io ti credea.
Ed ahi! pur troppo scerno anco, e ne fremo,
Onde l'audace tuo sacrilego odio
Contro quel giusto. Ordianzi, vaneggiando,
Mi ti svelavi: adoratrice occulta
Fatta ti sei del nazareo profeta!
*Ester.*Religïon paterna è: mal m'è nota,
Ma, è ver, la onoro; e più, dacchè all'altare
D'Israel veggio iniquità ministra.
*Azaria.*Or termin pongo al tollerar mio vile!
Lievi fossero l'altre, ecco bastante
Di tua prevaricata alma una prova!
Tradivi Iddio, me non tradito avresti?
Già in me tornai: giusto furor sottentra
Alla stolta pietà. Tutto adoprava
Per trarti al pentimento: invan! Decisa
Dunque è tua sorte.... e in un la mia.
*Ester.* Deh, ascolta!
*Azaria.*Vuoi tu sfuggir l'infamia? Ecco.[10]
*Ester.*[11] A' tuoi piedi

Mira la fida tua sposa innocente:
Pietà! immolata esser degg'io?...

**SCENA II.**

JEFTE CHE PROROMPE CON FURORE, E DETTI. GUARDIE CON LUMI.

*Jefte.* Guerriero,
Quai dritti usurpi che non hai? Prigioni
Sacre son queste: e di varcarle ardisci?
*Azaria.*Pontefice....
*Jefte.* Sedotto esser dal pianto
Vuoi di costei, mentre più gravi or sono
Del delitto gl'indizi?
*Ester.* Oh ciel!
*Azaria.* Che?
*Jefte.* I messi
Riedon che dalle alture circostanti
Investigaro ogni erta, ogni spelonca.
Di niun vecchio ramingo evvi contezza:
Bensì di giovin cacciator che agli atti
Ed al volto e alle vesti israelita
Non sembra: esplorator forse dal campo
De' Romani è colui: forse l'amante

D'Ester non è, ma....

*Azaria.* Scellerata! aggiunto

Il tradimento della patria avresti?

Tu d'un Roman?... d'un mio mortal nemico?..

Oh rabbia?[12]

*Jefte.*[13] Forsennato! Adoprar dunque

Dovrò la forza? Olà![14] – Cura si prenda

Dell'infelice, e il dover mio non turbi.

*Ester.*Lasciate ch'ei m'uccida. Ah sposo mio!

*Azaria.*Morir potevi senza infamia! è tardi![15]

**SCENA III.**
ESTER E JEFTE.

*Ester.*Abbominevol mostro! anima atroce!

E sul tuo viso sta infernal sogghigno!

*Jefte.*Tutto cede a mia possa. E debil canna

A gigantesca possa argin vuol farsi?

Eccola infranta! misera!

*Ester.* E non temi

I fulmini?

*Jefte.* Io li scaglio.

*Ester.* Iddio....

*Jefte.* È pei forti.

*Ester*. Che oppressi, pur non cedono al malvagio;
Pei forti che, nel pianto e nell'obbrobrio,
Sprezzan più sempre il trionfante iniquo:
Per cotai forti è Iddio.
*Jefte*. Quando ogni speme
Ti manchi su la terra, e tu lo invoca.
Ma ti consiglio ad indugiar; più certa
Speme ancor sulla terra io voglio offrirti;
Nè il savio mai prepone il dubbio al certo.
Vita, fama, parenti, ore beate
Siccome tòr, così render può Jefte.[16]
Non risponder sì tosto: un breve istante
Rifletti, e pensa ch'esso è omai l'estremo.
Suoi confini ha la mia possanza; il punto
Fatal verrà, che bramerei salvarti
Nè il potrei più. Necessità m'incalza:
O perder me, se te nemica io salvo,
Od immolarti onde salvarmi.... oppure,
Più savi entrambi, e collegati in fido
Vincol secreto d'amistà, ritrarci
Dall'arduo passo ove corremmo.
*Ester*. In detti
　　Insidïosi or nuovi insulti avvolgi,
O de' rimorsi udresti il grido?

*Jefte.* Figlia,
Con impassibil, fredda alma, dar preda
Tua bellezza divina a morte, io che ardo
D'amor per te, credi che il possa io mai?
Il mio desir è il viver tuo: nè estinta
Da me sarai, se tu non mi vi astringi.
Fa' che non tema le tue accuse, e tosto
Eleazar si troverà, e disgombri
Fien contro te i sospetti, ed io primiero
Biasmerò innanzi ad Azaria ed al volgo
Zel pei santi costumi in me soverchio.
Ma d'uopo è ch'Ester m'assecondi. Il padre
Riscatterai, lo sposo che ti è caro
Vedrai felice: entrambi, sì, se il brami,
Risparmiar vo'.
*Ester.* Che a me prometter vogli,
Forse ben non intendo: e intender troppo
Io già pavento. E col disdir le accuse
Ch'io pronunciai, col dimostrarti ossequio,
Otterrei vita, libertà, consorte,
Padre?
*Jefte.* Ma chi mallevador sicuro
Del tuo tacer?....
*Ester.* Non proseguir!

*Jefte.* Tradirmi
Potresti ognor, se irrefragabil pegno
D'amistà illimitata io non m'avessi.
*Ester.*Orribile è la mia sciagura! ai cari
Parenti forse io cagionar la morte!
Perder d'un uom che adoro e amore e stima!
Esecrata morir! Tutto si perda:
Uccidimi una volta, empio! gli oltraggi
Tuoi più orribili son d'ogni sciagura.
*Jefte.*Al tuo rifletter tempo ultimo diedi:
Or passa: bada! trema!:
*Ester.* Io più non tremo.

**§Note**

1. Le si appressa con affanno, e col lume si curva ad osservarla.
2. L'aiuta a rialzarsi alquanto e la sostiene seduta.
3. Fuori di sè.
4. Come sopra.
5. Fuori di sè.
6. Come sopra.
7. A poco a poco riconoscendosi.
8. Da sè.
9. S'alza in piedi aiutata da Azaria.
10. La dà il ferro.

11. Lo prende con tremito e lo lascia cadere.
12. Prende il brando che era in terra.
13. Trattenendolo.
14. Si accostano alcune guardie.
15. È condotto via. Una delle guardie lascia un lume.
16. Ester fa per parlare.

## NOTE.

Pag. 93. O l'Angiol sei del genitor mio estinto?

Ne' primi secoli del Cristianesimo e col nome di Angiolo si intendeva anche l'anima, o si credeva che l'Angiolo custode apparendo altrui portasse qualche somiglianza o di persona o di voce al mortale custodito. Vedi gli Atti degli Apostoli, cap. XII. «Et ut cognovit vocem Petri, præ gaudio non aperuit januam, sed intro currens nuntiavit stare Petrum ante januam. – At illi dixerunt ad eam: Insanis? – Illa autem affirmabat sic se habere. – Illi autem dicebant: *Angelus ejus est.*»

Pag. 141. Un levita presenta al Pontefice un vaso d'argento ec.

Vedi il *Libro dei Numeri*, cap. V, 15. «Adducet eam (*vir*) ad sacerdotem et offeret oblationem pro illa decimam partem sali farinæ hordeaceæ; non fundet super eam oleum, nec imponet thus: quia sacrificium zelotypiæ est, et oblatio investigans adulterium.»

Ivi. *Jefte prende una mano d'Esler e la pone sull'offerta.*

Ciò può corrispondere al prescritto della legge. *Ibid*, v. 18. «Cumque steterit mulier in conspectu Domini, discooperiet (sacerdos) caput ejus,et ponet super manus illius sacrificium recordationis et oblationem zelotypiæ...» Ester sa che il rito è profano, e perciò mal si presta a prendere ella stessa il sacrificio.

Ivi. *Jefte prende dal vaso un pugno di farina ec....*

*Ibid.*, v. 26. «Pugillum sacrificii tellat de eo quod offertur et incendat super altare.»

Ivi. *Prende con due dita un po' di terra appiè dell'ara....*

*Ibid.*, v. 17. «Assumetque aquam sanctam in vasi fietili, et pauxillum terræ de pavimento tabernaculi mittet in eam.»

**AVVERTIMENTO**

Se un giorno questa tragedia si reciterà, si facciano mettere in buona musica i due pezzi lirici. – All'aprirsi della tenda l'attrice può essere atteggiata come se arpeggi e canti, e un'altra donna esperta di musica eseguire questa piccola parte. La musica delle tre prime strofe dev'esser religiosa, solenne, e spirante gioia ed amore, ma non difficile, non caricata di ripetizione, e soprattutto senza trilli: consiglierei a prendere qualche motivo già noto per bell'effetto e facilità d'esecuzione. Le due ultime strofe spirino dolce malinconia; e anche qui raccomando il semplice: i comici si persuadano che in una rappresentazione non tutta musicale, se v'è alcun pezzo cantabile, vuol essere facile, senza pretensione e senza lungaggini.

Non ho bisogno di pregare che non mi si sopprima barbaramente quel poco arpeggio e canto: i comici educati sanno quanto importi per conservare il colorito di certe produzioni il non alterarle punto.

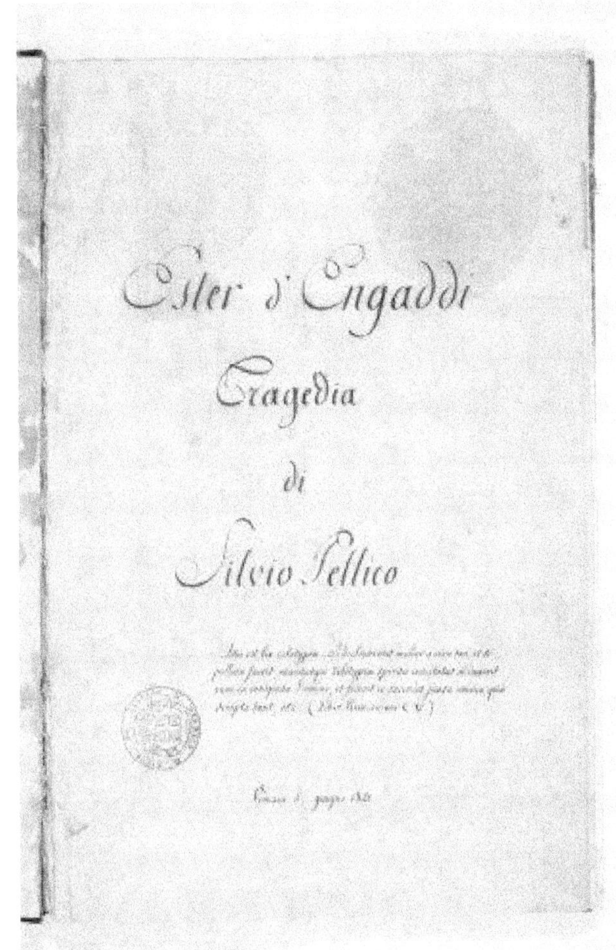
Ester d'Engaddi

Tragedia

di

Silvio Pellico

# Personaggi

**Azaria** capitano degli Ebrei ricoverati in Engaddi

**Ester** sua sposa, figlia di

**Eleazaro** vecchio martire cristiano

**Jefte** sommo sacerdote

Un bambino

Sacerdoti

Popolo

Guerrieri

L'azione è in una grotta quasi inaccessibile d'Engaddi ove è ricoverata una popolazione d'ebrei — Il tempo è il secondo dell'era cristiana, e circa 40 anni dopo la distruzione di Gerusalemme —

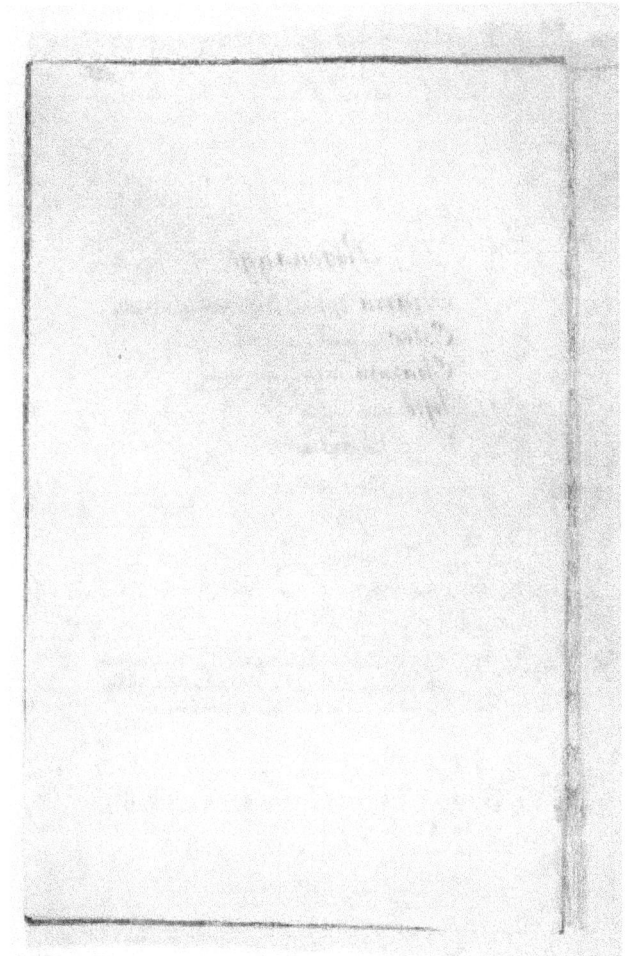

# Atto primo

[illegible] ... Nel fondo della scena [illegible] ... [illegible] ... [illegible] ... [illegible] ... [illegible] ... [illegible]

## Scena 1ª

### [illegible]

[illegible]

Oh Engaddi! oh sacre, impareggiabil valli
Ove al romano superbo [illegible]
Estrema reliquia d'Israel [illegible]!
[illegible] il guardo
[illegible] l'antico
[illegible] la morte
[illegible]
[illegible] il capo mio [illegible]!
[illegible] la mia figlia [illegible]
[illegible] il piede! ...
Qui di [illegible] la voce
[illegible] e piango — e il [illegible]
[illegible] parlarle ... o almeno vederla io possa
Parlarle, sì! [illegible] il coraggio
[illegible] che l'Eterno [illegible]
[illegible] quella è la [illegible]
Che qui a [illegible]!

( [illegible] — Eleazaro [illegible] )

Voce di Ester (canto)

« Luna e stelle della notte,
« Del mattino dolci albori,
« Astro ricco di splendori
« Terra e ciel, che ei creò!
« Siam portenti d'una Mente,
« Raggi siam del vero Sole,
« Destre e fiamme, ei parlò
« E il [illegible] e [illegible] —
« Volgi, Ester, cielo e terra,
« Del Signor opre ammirande.
« Oh! un'altra opra Ei fe' più grande:
« Il mortal ch'Egli creò —

Eleazaro

Oh voce d'Ester mia! come all'infermo
Genitor nova spiri ancora di vita!
Oh lunghi i giorni in ch'io ritrae le membra
Non potea dal [illegible] venuto [illegible]!

## Scena 2da

( Viene aperta la tenda, e si vede Ester seduta al [illegible]: arpeggia con maestria, più [illegible] e [illegible] )

Ester

« Ma rotta, e sligata non serba le corde
« Quando l'[illegible] [illegible] i suoi figli
« E non vede il lor pianto, e li ricorda

" Che tante [illegible]

" Stagion tornò di guerra. Il campion mio

" E il campion d'Israel: tu lo difendi.

" Madre, e vedova, ed infermo [illegible]:

Il mio campion mi rendi "

Eleazaro

Per voi! lungi è Azaria! Che fu! [illegible]....

( [illegible] )

Ester

( [illegible] )

Che veggo! A questa tenda [illegible] il passo

Move canuto pellegrin... S'arresta...

Ondeggia... Ah forse [illegible]... ci sembra

[illegible]...

( [illegible] )

... [illegible] Azaria l'ospital tetto,

[illegible] straniero... [illegible] è il prode...

Ma il suo pan, la sua tazza al pellegrino

È [illegible] sempre.

( [illegible] )

... Un fidel servo

[illegible]

Eleazaro

La figlia......

( [illegible] d'Eleazar... [illegible]

Ester

( [illegible] )

Son io!

Quel viso!

Eleazaro

Ahimè, deh! t'appressa! arcano.

Che veggio...

Ester

(dopo averlo ben guardato attenta)

Ah! non m'inganno! Egli è

O l'angiol sei del genitor mio estinto!

Eleazaro

Ester! oh gioja! e in te memoria ancora

Del sembiante paterno!

Ester

E vivo! il padre!

Ah me felice! E come?

Eleazaro

(ravvisando e appressandosi alla tenda)

Al forte tuo

Nell'ombra non pot'io, [illegible] protetta

A morte io deve... ma per me tema la morte!

Al cuore il padre m'astringe

Dell'opra tua tremenda gioventù

Che la sue pieghe già deterse, e adulto

La conosce di Betulia.

Ester

Accompagna

Mortal grazia! [illegible] la madre è in cielo!

Ha sola equo — Di lui tutto — Oh non sperato
Prodigio mai! Fuor di me son... Deh lasciai
Che questo amato capo Ester di baci
Copra! che in lunghi amplessi io di tant'anni
Di orfana pianti mi ristori... Estinto
Giacente, di... [illegible] dati all'are
Estinto colla madre... Ah fuggia [illegible]
Non visto [illegible].

( Si ritirano al [illegible] della reggia )

Assuero

appiè dell'ara

Volate ogni giorno orrido [illegible]
Mai fra [illegible] del re Dio gli avessi;
E i giustizieri tuoi più d'una volta
Spirando [illegible] ecc... mai il Dio
Ti turbò.

Ester

A me sorella [illegible] — alla forte
D'Israel Voce, e ad Ester tua benigno
E lo spirto, volante e ver l'antica
Legge egli attorno; la novella abborre.
[illegible] in [illegible] di padre è venerata
E non [illegible]. Or se dal campo tornò,
Canta [illegible] gli [illegible]. [illegible]
A pietà le mie lagrime il [illegible],
E più del Ciel l'aiuto. [illegible]
[illegible] al [illegible] di morte.

Al mio fianco starai: teco al mio fianco
Terrò la madre — Ah a lei conducimi...

Eleazaro

Fuggo

Distante è il loco, e ben poss'io per aspre
Balze evitar degli uomini l'incontro:
Là nel [illegible]. È il tuo padre da Engaddi
[illegible] fatal: [illegible] fosse altrui
De' tuoi parenti il ricovero e il rifugio.
Chi ti difende allor? [illegible] molto tu speri
In Azaria, ma al campo egli è diretto,
E qui il più truce mio nemico impera.

Ester

[illegible], Ah! me infelice!

Eleazaro

[illegible] le piaghe!

[illegible] questo scudo come [illegible]
Ora il romano? [illegible] a difenderla io,
[illegible] della nostra patria il fondatore
Correr non posso? Ah col mio braccio antico
Inglorioso! [illegible] che gli anni i lunghi [illegible]
Morir [illegible] la tagliavo!

Ester

[illegible] di gloria

[illegible], e [illegible]: io abbia pace.

Suo guerriero alcun. In securtà si posa
Questo a David da te fondato albergo. —
Dalle fauci de' monti, ancor passo
Agli audaci avversarj, i pochi cento
Di mille e mille al dì, rompon l'orgoglio
e [illegible].

Eleazaro

Ah! morrò... Ah! se bisogna
Dunque l'Assiria, de' suoi congiunti l'odio
Non crede contro il mio sangue. Oh quanto
Pianti in Gerusalem, quando — di ferri
Carco — in orrida carcere io giaceva
Altro a noi pur, [illegible] del [illegible]
Ch'io di sue nozze mi fe' [illegible] — Nacque
La figlia mia [illegible] prima le [illegible]
Sovra il [illegible] mio capo [illegible]!

Elisa

E quanto io pure allor: ma la mestizia
Della misera [illegible] al signor mio
Non [illegible] io pur ne amò: più forte
Quindi io mi armò — sì più abborrirlo io seppi.
Ai suoi fieri congiunti io negl'istanti
D'ira, somiglia; ma [illegible] Elisa mia
L'ira tua non [illegible]; io [illegible]
[illegible], anche da altrui la pena.

Del giovine bollente, ira talvolta
Rimorsi: e potria ei aver in grado: e dice
Ch'ei vorrebbe con vile alma esser nato
Onde mortar ch'io pur lo ancapi... Ah schiavo
Non fuss'io d'un vil, scaltro, iniquo sposo
Che al laccio il piede d'umiltà e di tanta
Sacerdotal virtù mentita, e spoglio
Il fa men pio!

Eleazaro

Di Jefte...

Ester

Solo io tremo...

Costui per or (finchè propizio ei m'abbia
La sposa a te) con ogni cura fuggi...
Della Croce a seguaci, ah, ned'io...
Non ispirato a macello agli atti
Ma non il cor... col sacro acciar dell'ara
Adocchiarlo e trafiggerlo? Oh me lassa!
Già sorto è il Sol: tener non deggio?...

Eleazaro

O figlio,

Non mi cacciar; perchè scorrendo ancora
Dimmi: Nulla ti disse... e i lunghi prieghi
Che tu volesti a miei martirj io per te sempre
Al Ciel porgeva... e il giubilo all'orgiando,

Dalla carcer fuggito, io la tua madre,
Dolce pegno degli [illegible] potei
In quel confine del mondo, e Sotterranea
La città delle tombe, di" Ester nostra,
"Diremmo, alberga in quelle tende!... e a Roma
[illegible] e Dio che un giorno,
A te per salutare [illegible]
[illegible] cancelli e [illegible]! — e ancora
Non [illegible] della terra, [illegible]
A questi colli [illegible]
E fra sue braccia era un bambino... e fatto
[illegible] "Quel di Maria
È il pargoletto!" gli [illegible] "Io [illegible],
"Vergine, e il [illegible] e tua famiglia [illegible]?" —
"E quel bambino?" — "È il mio signore e il figlio..."
Oh amor di padre! Come lo strinsi al seno
Quel pargoletto! Dio... ma a non tradirmi
Fuggir fu forza.

Ester

Oh padre mio!

Lazzaro

Poi giorni
Qui venti all'alba — e il tintinnio dell'arpa,
E la tua voce alcuna volta ho udita
E sotto [illegible] quel [illegible] e ti piangeva —
E [illegible] che al [illegible] quel tanto

Condottiero [illegible] il cammino se non fermasti
Col fervido bramar — Sì che più lungo
Fosse il mistero e il tuo canto e mia gioja! —
Ma di Sionne non fia vana? [illegible]
[illegible] ancor de' padri Abramo!...

Ester

Lo spero!
Perchè tu a Lui [illegible] ti prego.

Eleazaro

Qual!

Ester

— Nol conoscer, ma il tuo culto onora,
Perchè egli è tuo; tu il serberai: il padre —
Non te [illegible]... tu il serberai, ma in cuore

Eleazaro

Vergognerai del vero!

Ester

Ah! deh! [illegible]
Non simulato [illegible]: ma qui mentito
Dio non è adorato — e quel pur fosse il giusto
Che in Golgota morìo — Sì giusto il regno
Altro esser può che il vorrebbe il Dio?
Nell'arca sua si serba, e in cor racchiude
Di Sion l'amor del suo Profeta.

Eleazaro

È vero.

Questa! Ti sperda, e te compianga. Uom puote
Ignorarlo, [illegible] non puote
Quando a lui splende... Tua [illegible] chiedo,
Amata figlia, di [illegible] a Jefte
[illegible] in sè altar [illegible] e forte;
Sol di virtù pacifiche contento
[illegible] il Dio [illegible] all'Errore è [illegible]
Vince le offese col perdono, l'odio
Coll'amore, i martiri colla costanza;
Nell'altro [illegible] ... non [illegible] non [illegible]!

Ester

Sublime legge! io ne l'ammiro e temo!

Eleazaro

Ma il tuo affetto [illegible] il giorno
[illegible] ... Addio.

Ester

Senza alcun [illegible]
Partir? no.

Eleazaro

Ferma... [illegible] al [illegible], io [illegible]
[illegible] e [illegible]
Nulla or mi manca: [illegible] gli [illegible]
[illegible] alla genitrice ... [illegible]
D'ogni tesor più prezioso!

Ester

Eroe!

Eleazaro

Soverchio coraggio fora... Addio: ritorno
Qui al tramontar farò...

Ester

Il padre, e volto
Della stella mia mano, tu dolce frutto
Quindi alla genitrice appartieni...
Per te l'abbraccia, di me a lei parla
Di me a lungo!

Eleazaro

Mia figlia — Oh dì felice! (parte)

## Scena 3ª

Ester

(guardando dietro a lui con tenerezza)

Misero! Il tempo egli si veggo! — Oh come
[illegible]! Come in sua volto io scorsi
Le tracce del dolor! — [illegible]
[illegible] appar — [illegible]! —
Qual mistero è in me d'inesplicabil gioja,
E il dolore [illegible] al pianto il freno! —
[illegible] — Oh tu che i genitori mi rendi
[illegible] l'amor mio
[illegible]!

## Scena 4ª

[illegible]

Jefte

Ester! tu [illegible]

Dal padiglione?

Ester

Signor –

Jefte

[illegible] minaccioso

Credea [illegible]: appena disfatta è l'oste
Oggi torna [illegible] –

Ester

Fia vero? Oh gioia!

Jefte

Sincer giubilo è il tuo?

Ester

Chi ardisce?

Jefte

[illegible]

Moglie, se si [illegible], a [illegible]
Colui qui vien un uom che fugge?

Ester

E quale?

Jefte

Nol veggio forse ancor?

Ester

Chi?

Jefte

Fra le palme

Ov'è il torrente egli dispare

Ester

Mentivo

Perchè [illegible] —

Jefte

E chi fia che tel vieti !

L'amante tuo non è [illegible] il nome —

Chi è ! — Io [illegible] Ma [illegible]

Del [illegible] tuo consorte [illegible]

[illegible] sorge [illegible] !

Elisa

Oh infausta sorte !

Perchè !

Jefte

Ciò che pietà [illegible]

[illegible] amore, [illegible] — [illegible]

[illegible] mentre [illegible] tua [illegible]

La [illegible]

[illegible] d'amor ti parla .

Elisa

[illegible] .

Jefte

Ascolta . — [illegible] non voglio ,

[illegible] voglio — [illegible]

[illegible] nemico

[illegible] che altro [illegible]

Perchè [illegible]

[illegible]

Nella innocente avvenir può?

Ester

Di core

Di sposa e madre, già 'l sai, Jefte, loco
Ad altri affetti in me non lasciava — tranne
La riverenza che al ministro si debbe
Dell'ara — e che non mai perder vorrei.

Jefte

Pria che Abdon t'amasse, ei già t'amava,
[illegible] colpa di fiato mio [illegible]
Compiacenti mi promisero [illegible]
Non ebber le tue labbra [illegible],
E al più forte de' guerrier ti diero.

Ester

E così è uomo cui tanta amistà fingi
Padre?

Jefte

Del fiato [illegible] e prego — abborro
[illegible] il tuo destin compiango.
Chi? [illegible] tue lagrime [illegible]
A tutti [illegible]? non a Jefte il puoi:
Amante è Jefte — ei sposo, alla presenza
Del tuo forte signor, trovar ti vede,
Impallidir, [illegible] e più [illegible]
[illegible], [illegible]
Di un dolor? [illegible] sacrificata ti fui! —

Ah vittima infelice! Io allor, (nol niego)
Più d'Abarim non ho l'amico, e l'odio
Io porto a te che tutto accresti al fianco
Di più degno amator, di tal tua gloria.
Non l'imperar, sol l'abbandonti fora
L'adorarti qual serva.

Elisa

Or basta: e d'uopo
Di compianto non ho. Tu vedi il prode
A cui tua moglie è quale il bramo — e solo
D'altri in braccio abborrisco la vita.

Jefte

Donna, i tuoi detti aspri son molto, e forte
Maggior n'è quello [illegible].

Elisa

Ah, la parola
Cessa non che quel [illegible] dal cor —
Pontefice — il tuo grave oprar rammenta:
Nè mai disperi che il tuo cor ti scerna
E tua vergogna — ch'io rimarti possa;
Che attendi alfine? D'altri non sono io sposa
Irreparabilmente?

Jefte

Oh ch'ora mai
Che incapacità tua? D'altro pensiero

Non fatto incarnare all'amor tuo, deh! il taccia.

Ester

Sant'ciel!

Iefte

Ah, più ch'io non volea, già dissi!
Or ben — più non si finga.

Ester

Io tremo.

Iefte

Sappi,
Ch'in me speranza non fu estinta mai:
D'Azaria la fierezza a me fa certo
Che te non l'ami: non ci cerano a sposi.
Guerra il Signor ci traggo — or di tua destra
E per libera parte — e, oh! non ingrato
Fosti tu all'amor mio! quel di felice
Non pensavia da incerte guerre.

Ester

Oh cielo!

Iefte

Il più santo dei regi vate, e il marito
Di Betsabea perì — fu colpa, è vero,
Ma l'espiaro gli olocausti e i meglio
E il santo re fu Betsabea.

Ester

Che intendo!
Ah ben vegg'io che a tronchi ogni speranza.

Poi c'ebbe [illegible] in ogni [illegible], e tutto
Quant'è prorompa il mio [illegible] [illegible].
Sì, Iefte: a' guardi miei tu sei il più vile
Il più [illegible] infra i mortali: io t'odio
Non tu — più t'odierei se tua fossi io
Fin alle spose, non virtù, ma amore...
Immenso amor mi tien: quanto ei più desta,
Da tua [illegible] finta, empia [illegible],
Se tanto più quel tuo spirto guerriero
Ahi — guerriero, ma [illegible] ma giusto
Ma incapace di frodi! — Ah, scellerato!
Il tuo delitto meditavi! e [illegible]
A te [illegible] tanto s'affida! Io voglio
D'inganno, io tradito

Iefte

Audace! e ci calunnia

Ha [illegible] [illegible]. Trema [illegible]
E la mia fama trema — E a rintuzzarle
Il folle orgoglio, armi io non ho possenti!
Colui che [illegible] dinanzi a te
Colloquio ... credi, ch'a me questo si deve?

Ester

Iefte! che fai?

Iefte

Amico Iefte non [illegible]

Di Mosè sulla cattedra tremenda.
Regnar io: ... mente esser non può di freddo
Ch'io in Engaddi non reggia. Il padre tuo
[illegible]
Esso [illegible] scende: [illegible] già immolato
[illegible] festa. —
[illegible] per te [illegible] — per l'altar [illegible]!

Ester

Deh per pietà!

Jefte

[illegible]...

Ester

Ah, s'io t'offro —

Jefte

Ah [illegible] il riparar...

([illegible])

[illegible]

Già di vittoria non [illegible]? —

([illegible])

Donna,

In altro tempo [illegible]. — Il popolo ebreo
Delle [illegible] — A rispettarmi impara.

## Scena 5a

[illegible]

esprimono allegria. — Jefte alla presenza del popolo si atteggia con tutta maestà e compostezza adeguata. — Elter ha dimostrato ogni sua inquietudine al colmo della gioja.

## Scena 6ª

Alle Armi di i guerrieri [illegible] da una parte del monte, tutto il popolo [illegible]:

Viva Israello!

(Le musiche [illegible] [illegible] — [illegible] a noi [illegible] l'aria e le [illegible] ad allegrezza. Jefte, Elter ed altri.)

## Scena

Jefte — amata sposa —

Popolo – amici — Oh gioja! si vincemmo!
Cadeva il romano altero (uso a menarne
E trionfar) cadeva all'impeto e morte
E insuperabile ardir, distrutto il carro
Dell'arte bellica ed [illegible] arcian. Per giorni
Respingemmo color — fuor delle strette
Vicinanze accampati, [illegible] mettea
Pena di marchio e d'armi — ed appellando
Di [illegible] rapine e tradimenti
Congiunti [illegible] giuravano con empj
Sacrifizj vendetta a loro Iddii.
M'accrebbe la baldanza: al mio furore
Cede la [illegible] [illegible]. [illegible]
Tempestosa di grandine e di pioggia
E di fulmini e venti. — Andiam, compagne,
Disse — ai padiglioni il col d'acquetta.
Comprendendo i con noi [illegible] del cielo

Iddio nel tuono; e solo i tre guidati —
C'avventiam nell'orror della tempesta,
Trucidiamo, incalziamo. — "Non son mortali"
Esclamava il romano e via le lancie
Nol raggiungevano, il fulmine lo atterrava. —
Sì gran strage mai non fu: — di sangue
E fango intrise, l'aquile del Tebro,
Eccole: — calpestatele.

(Alcuni guerrieri che portano due o tre aquile romane le gettano a terra; tutto il popolo le calpesta gridando:)

Vittoria!

Viva il Dio d'Israel! viva Azaria!

(Cala il sipario)

---

# ATTO II

Stanza nel Palagio di Azaria

## Scena 1a

*Ester che ha [illegible] [illegible] [illegible] [illegible] [illegible] [illegible] [illegible] [illegible] portando nelle braccia un fanciullino di [illegible] [illegible] [illegible] [illegible] [illegible] [illegible] [illegible] [illegible] [illegible] [illegible]*

Azaria

Ester, diletta figlia, [illegible] [illegible]
A' tuoi [illegible] alfin mi [illegible]!

Ester

Mio sposo!...

Azaria

Al festeggiante popol mi sottrassi
Onde abbracciarti ... [illegible] [illegible] lo stato
Sacerdotal [illegible] [illegible] m'appella ...

Ester

Sì breve!...

Azaria

[illegible] al tempio (ove solenne
Ambiziose pompe vani, al Signore
Della vittoria, apprestan) io vedrotti,
Di Ester mia della [illegible] arpa
Udrò beato i dolci canti ... Ah gioia!
Al sen ti stringo!... Amata figlia, al giorno
In picciol tempo tua beltà s'accrebbe!
Come alla madre t'assomigli e cara

Vivrem sempre noi tre! — Del guerra, [illegible]
Mi vide il cor: degl'[illegible] il Genio
Ritornar già col [illegible] brando, e pace
E per un tempo di languor che abborro:
Eppure — il credereste? — [illegible]
Più fiera la battaglia, e più compiuta
Sospira [illegible] il tempo,
E per veder [illegible] pace.

Ettore

E lunga fia — Benchè, se all'opra [illegible],
Talvolta il tuo signor fremere io veggo
Sospirando le pugne — [illegible],
D'Ettore e [illegible] — Non [illegible]
Che ogni [illegible]
A che tal vita ha nell'amarlo?

[illegible]

Oh sposo!

Se giammai veggia nembo altro di guerra,
Ettor qui non starà presso al mio campo
Sì ch'attendato col figliuol m'aspetti
Ritornar dalla zuffa — e con [illegible]
Poter le stanche [illegible],
E pronto il conforto. — Sei costante
Nelle braccia al [illegible]
Avrai il [illegible] futuro, e giammai,
Del non [illegible] compagno.

Le [illegible] e [illegible] e [illegible].

Ester

Valoroso! non mai hai tolto il volto
Dalla [illegible] coniugale, e già di morte
Minacce tu parli

Azaria

Ah che varran lusinghe!
Di questi [illegible] figli del deserto
Scritta è nel libro del Signore, la sorte.
Che degl'[illegible] della terra
[illegible] pur e ceppi [illegible] le [illegible] armi
Montagne [illegible] e selvaggia
Vita non vive, e ognor ha mano dell'altra!

Ester

Va dunque, e fede e tua promessa — al campo
Ma non tornar senz'Ester! [illegible] teco
E ve' il pargoletto sempre. — Oh pargoletto
[illegible] il padre non vedrà! e questo
[illegible] che al fianco suo cerca d'albergo
[illegible] [illegible] [illegible] serpente
Del [illegible] [illegible], e [illegible] [illegible]
[illegible] [illegible] le [illegible] [illegible].
Quante dolci [illegible] a te [illegible],
[illegible] [illegible] i tuoi [illegible].
E quei del figlio!

Azaria

Oh [illegible] sogno!

Ester

Mardo,

L'altro, che in te pel padre ora nutrivo
Sì fan [illegible], ... ingiusto ! ... grande
Il core ... !

Maria

Del valor tuo fia eterna
La rimembranza: ... in te ... il ...
... amor filial ... ma ... ad altri
... d'[illegible] un nemico
L'abborrire, è dover. ... Perdona ...
... grado ... [illegible]
Il ... d'un turbine: tua colpa
Non fu del padre il trarciar: ... mio !
... ! ... tua stirpe, altro m'è ...

Ester

Per l'esilio ...

Maria

... prego ;
... nella tomba, e poi l'obblio
Che il rammentarlo giova ... poi ...
... testimone ...
Dell'empietà ... fu ...
... d'anni quanti ... e ... santo
... cielo il ... La fronte
... al tuo ... il figlio
... felice ... Addio .

Il Pontefice attende.

([illegible])

Scena 2ª

Ester, [illegible]

Ester

Ahi lassa! appena

[illegible] il padre e [illegible]

Paterno odio non è: quel [illegible]

[illegible] ogni [illegible] cagion di piante,

[illegible] è qui. — [illegible]

Perchè delle tue [illegible] ministro

[illegible]? [illegible]

Dal popol tuo gli sguardi [illegible]! e [illegible]

[illegible] a te popol della Croce i figli!

[illegible]! Deh! [illegible],

E tu il perdona! [illegible] —

Ma qui [illegible] il genitor... parlargli

[illegible]! — [illegible] che il suo asilo è noto

Al [illegible] Pontefice! — [illegible]

[illegible]! si fugga! [illegible]

[illegible] del traditor. [illegible]

[illegible]

[illegible] tra l'[illegible]

E la [illegible]! [illegible]

E [illegible] meglio!

Scena 3ª

Tisbe e Metta

Ester

Il padiglione de'l [illegible]! ... Chiamato
Da te a convegno al tempio ci vieni.

Tisbe

I passi

Metta non l'incontrò,

Ester

Ti vide....

Tisbe

Io Metta

[illegible] [illegible] [illegible] e [illegible] [illegible]
[illegible] non [illegible] a [illegible] [illegible] di Metta,

( [illegible] [illegible] [illegible] )

Ester

Del figlio mio nell'anima ....

Tisbe

Ha detto ... Megha

All' [illegible] [illegible] [illegible]!

Ester

[illegible] un [illegible] ..

Tisbe

Qual?

Ester

La città.

Jefte

Vesti son molti: scegli

È ostinata e provocante!

Ester

Havvi prudenza

Dove sta infamia!

Jefte

E dov'è infamia mai,

Quando di casto vel fallo s'ammanta!

Ester

Oh ardir!

Jefte

Il fallo – questo amor ti scemi.

Ester

Questo!

Jefte

E forti sposa mia non bramo!

Ester

Oh truce idea! L'intendo: tu parli....

Jefte

Di porre in voglia il non prestato [illegible]

Ester

Che!

Jefte

Non m'intendi! – Io fratello, a conto

Non di perdi le braccia: ora è la morte.

Chi regna? Ben tel sai — Jefte qui regna:
Nulla è Azarea se non per Jefte — Ja gemo
Nel veder che tu ancor nulla distingui
Dalle altre schiave od ancelle Engaddite;
Qual vita traggi, o misera? qual lustro
Qual piacer ti circonda? — È del tuo abbietto
Viver si duol per Azarea? Ne gode
Egli in mirarti fra tue ancelle prima —
Prima forse e non più — Ascolta: vuol Jefte
Dalla tua polve: accanto a lui te tutta
Engaddi alzarsi: a' piedi tuoi tornirsi
Veder le tue rivali: ottener ciò
Ciò che d'impetrar hai el comandar, lasciarti
Le grazie, la clemenza, i benefizj
Udir tue lodi da ogni labbro! I sacri
Della profetic' arte alti misteri
Imparerai da me: voler d'Iddio
Fia il voler tuo. — Inebriata vedo io già:
Ma giorno sei — del regno mai le orde
L'asse — novella Debora tu sorgesti
Ai figli del deserto, e in guerra e in pace
Ubbidita, adorata guida sorgeresti!

Adar

Terminasti?

Jefte

La sorte mia, che ti t'offre.

Ed io risposilo. Ove al tuo dir credessi,
Ove non vedess'io che tu (il vietta
Amor parlando e di future nozze!)
Io a nulla aspiri che a vederti — a sdegno
Per rovesciare l'impudente oltraggio -
L'ambizion la vile opra mi tende?
Io gloriarmi di calcar nel fango
L'emole mie! di franger teco il dono
Di profezia, che a voi Dio non concede!
Io non al regno nata, io potrei mai
Veder servato un popolo di prodi? —
Oh sì — in me pure è ambizion ma tale
Che non la intende.

Sesta
si piegata.
Ester

Ornato

Compagna sua de' giorni miei — migliore
Di me — tal ch'io, più che d'amor, di stima
Arda per lui — tal che, da Dio il pensiero
Rivolgendo alla terra, il primo oggetto
Che mi s'affaccia sia lo sposo — amarlo,
Con timor — non con voglia empia d'impero,
Ma con color timor, quale in quel modo
Ch'amo Colui ch'ottimo è Iddio, e sempre
D'affligger temo — e spero tal vederlo
Dell'umiltà della sua ancella pago.

È felice, e più amante assai e più amata...
Ed io più sempre quindi amarla... e amarla
Dell'altre donne infra la turba, io niuna
Mostrare sdegno, oppure invidia in tutte!...
Oh, tal, sì, tal d'Azaria è l'ancella!

(con dispetto [illegible])

Jefte

In me l'oltraggio: oh rabbia!

Ester

E che? non brami
La felicità mia?... Dessa è compiuta!

Jefte

Menti: sul padre tuo piomba il mio ferro!

Ester

Oh ciel!

Jefte

Io sempre, tel ripeto;

Ester

Ah Jefte!
L'amor tuo fece in pietà cangiar: acquista
Diritto all'affetto mio: fa che in segreto
(s'è ver che m'ami) io l'amor tuo compianga,
E spegnar non tuo debba... Oh, appien felice
Non sono, è ver! Non più il tuoi sì spesso,
Appiè dell'ara, incensi ardenti dolly
Non sì afferrasser contro Lui, che in petto

All'Pontefice suo virtù non resta!
Ugo è del ciel! Tu [illegible] fede in esso!
Tu in me [illegible] la [illegible]: [illegible]
Che del Signore e in terra il [illegible]! ... allora
Sarò felice, sì... chi alla l'[illegible]
Mortal di pace e di perdono il [illegible]
Sarà... la mano ei porgerà [illegible]
All'infermo, [illegible], al suo padre,
Che nulla [illegible] [illegible] [illegible] e [illegible]
L'amato figlio, e abbia i [illegible] antiche...

Jefte

E [illegible] che a lui [illegible] il rifugio
Di [illegible] avanzo d'Israello, e [illegible]
[illegible] [illegible] [illegible] [illegible] e allora
Stendardo infame alzar la Croce e a [illegible]
Correre [illegible]!

Ester

Ah, t'inganni: ei [illegible]...

Jefte

Non [illegible] luogo è l'[illegible]... Je [illegible]
[illegible] [illegible]... io (ché troppo [illegible])
[illegible] ancora al suo [illegible], [illegible] ingrata
Ester non sia...

(nel prenderla per la mano)

Ester

(non più [illegible])

Lasciami . Errer [illegible]

[illegible] [illegible]

Iefte

Ne' spirar ...

Ester

( [illegible] [illegible] [illegible] [illegible] )

Giovanni ! ...

[illegible] [illegible] del [illegible] [illegible], [illegible] [illegible] [illegible]
[illegible] [illegible] [illegible] l'[illegible] ! [illegible]
[illegible] [illegible] [illegible] ; e [illegible] [illegible] [illegible] [illegible]
[illegible] [illegible] [illegible] che [illegible] [illegible] [illegible] .
E che [illegible] [illegible] [illegible] [illegible] [illegible] ? [illegible] [illegible]
[illegible] [illegible] [illegible] ; [illegible] [illegible] [illegible]
[illegible] [illegible] [illegible] [illegible] [illegible] : [illegible] .
[illegible] [illegible] [illegible] [illegible] : [illegible] [illegible] [illegible]
[illegible] che la [illegible] !

Iefte

( [illegible] )

Giovanni, [illegible] ?

Ester

[illegible] .

Iefte

E l'[illegible] [illegible] ...

Ester

[illegible] . [illegible] [illegible] e [illegible] !

( [illegible] [illegible] [illegible] )

Scena 4a

Teste

Un [illegible] v'era — entrambi [illegible]! —
Nessuno vi può vietar — ma? si provvegga... —
E l'amato è Azaria? il pensamento
Felice egli è! — per breve tempo ancora! —
Esce.

Scena 5a

Azaria e Detto

Azaria

A me, [illegible] tu stesso?

Teste

Donna fu l'[illegible]: oggi.....

Azaria

turbato

Mi turbo.

Teste

Zelo d'amistà [illegible]
Voglio toler, senza ragion, la pace.

Azaria

Che dici?

Teste

Nulla — In altro tempo — [illegible]
Error potria ... Ma delle tue [illegible]
Domani .....

Azaria

No, ti ingannaro: infra i miei ...
Quand'il barbaro che del quatto il core
Affligga?

Jefte

Io.

Azaria

Ti spregia.

Jefte

In altro tempo,
Nel vero.

Azaria

E a chi?

Jefte

Delitto alcun ... troppo.
Vani sospetti non potevan guidare
Ripararti non ritto ... e prematuro.

Azaria

Jefte!

Jefte

Commosso parlo ....

Azaria

Dichiarati!
Esser lo...

Jefte

Lui.

Azara

(con trasporto...)

Iefte

(a sé)

Quel figlio sempre ... or ... [illegible] ...

E [illegible] ... [illegible] ... obbedirai!

Azara

Sol giuro.

Iefte

Ascolta ... [illegible] angiolo d'amore

Ettor vede ... certo.

Azara

Sì ... ma tu ...

Iefte

(dubbio)

Non ti [illegible] ... [illegible]

[illegible] ... [illegible]

[illegible]

Se in questa [illegible]

[illegible]

Azara

(con sorpresa)

Non di Ettor...

Iefte

[illegible] Ettor [illegible] colpa...

(continua)

Azaria

Noi!

Iefte

[illegible].

Azaria

Ah per pietà, mi svela

Quest'orribil segreto!

Iefte

E a favellarlo

Sappi che traditori !... Altri che io parli,

Rammentar dei, che ad incognita donna

Indulgente offrir tutto ... Al bello femmina

Lasciò il maligno tuo re oggi.

Azaria

Che sento?

Riconoscerne un fin.

Iefte

Ma il traditore,

Ha di sorte non estinto ... grandi,

Religiosi, consiglio è quel ch'han ...

Sol regolar convinti vuole il valore

Di governo pratico non tolgo

All' arguzia io a te ... tutto il regno.

Azaria

D'un rival ...

Iefte

Sono

Azaria

E qui sortiva...?

Jefte

Jadisla...

Azaria

Come?

Jefte

— Jefte felice quando altra volta
Ia gioia al campo, in volto ai [illegible] [illegible]
[illegible] l'alta [illegible] come [illegible]
[illegible] ... la [illegible] [illegible] al campo
Or l'appello — [illegible] atteggiata al [illegible]
Era la [illegible] (e certo a lei [illegible] [illegible]!
Non [illegible] tal [illegible] Azaria?) — ma [illegible]
Oltre al dolor di tua partenza, un'altra
[illegible] [illegible] ... e troppo io l'amo
Perchè così a me non [illegible] ...

(la [illegible] [illegible] [illegible] [illegible] [illegible])

Azaria

Ah tutto

Detto non hai!

Jefte

— [illegible] [illegible]!

Azaria

— Il [illegible]

Jefte

Se le parlai di te sovente, e il pianto
Seder vermeil agli occhi. Umano core!
Noto mi sei! Quel pianto era... e parea
Di cor nato a virtù — Ad abbandonarla
Non vuol.

Azaria

Oh rabbia! e il traditor?

Jefte

Nol vidi.

Si vien da tergo.

Azaria

Quando? ove?

Jefte

Alle mura.

Azaria

Qui?

Jefte

No.

Azaria

Fuor della tenda Ebor?

Jefte

L'acquista.

Ferri, si.

Azaria

Ove?

Jefte

Lieti oltre ... non lungi ...
Ma solingo, appartato, ov'ogni via
Manca, e protetto dalla rupe ... Il tempio
Che t'attende la sposa, o [illegible] infame ....

Azaria

Stamane!

Jefte

Sì.

Azaria

Ma il dì spuntava, e io pensai ...

Jefte

Prima del dì.

Azaria

Ah, no! ... tanta calamità
Ti risparmia!

Jefte

Non ne vedi? E la Fede, la Stella
Che al mio ritorno tua [illegible]
L'annunzio a lei qui non la trovo: [illegible]
Corro: [illegible] quella balza: [illegible]
Poi erano i miei passi: ne non si fuggì
Ella confusa ...

Azaria

Che ti disse!

Jefte

[illegible]

[illegible] vicino...

Ozaria

E d'era a tale!...

Jefte

[illegible]

Ma...

Ozaria (fra sé)

Sol nol credi, Ah Jefte!

Jefte

Il giuramento!

Ozaria ([illegible])

Osservarlo non posso!

Jefte

Empia! la lingua
Profanare osi il Cielo? Esso onde nasce
La tua [illegible]! [illegible]
[illegible]
[illegible] di esser felice! [illegible]
Religion, la [illegible], i [illegible]
[illegible] a [illegible], e Esser rea —
Rea fosti pur — [illegible]
[illegible] nell'[illegible] l'empio!

Ozaria

Oh spavento!

Jefte

Che sofri! — Ah, in una [illegible]

Ov'è lo spirto, se lo morte fiero!
Fora allor, mal mio grado, uscì dal labbro
La tremenda parola: altri or mi parla!

AZARIA

Pontefice d'Israel, pietà! M'è sacro
Ogni tuo detto.

IEFTE

Il giuramento è preso.
Esser colui potrei umiliante, e oltraggio
Impossibil ogni tua campagna.
Sincera pace, amor, delitto... il tempo
Corrono: stato star non può la colpa.

AZARIA

Esti...

IEFTE

All'infame decretar la morte!
In Ester... colpa esser non puote, e bene.
Nobile ha il cor.

AZARIA

Ma è una femmina ancor!
Oh che imprecai! Non dunque io... ! Io vili
Quanto a lei tener! io che la mano mai tremo
Eppure al [illegible] suo spetto io [illegible]
Come debil fanciullo! io che [illegible]
Morir per lei... te, il mio miglior amico.

La gloria, e ... incredibile ! – anche gli altari !
Oh ingratitudine non udita, atroce !
E quei modesti, umili atti soavi ?
Scellerata arte ! arte e null'altro ! – Iefte,
In me t'affida: tacerò: un istante
Da' tuoi consigli (nuovamente il giuro)
Dipartirmi non so'. Ma in ciel possente
Sono tue preghi: assistimi: allontana
Terribile sciagura ! Offerto al tempio
Chiedi: tutto ! il mio sangue ancor ti dono !
Ma colei sia innocente !

Iefte

Al ciel nulla cosa
Impossibil! – t'umilia, e prega, e spera. –
Ma i cantici del volgo odi: ecco l'ora
Del sacrificio.

Azaria

Or ci ti togue ... Ad Ester
Mostrarmi io, no ... tal proMette – mai

(Iefte parte)

## Scena 6.a

Azaria ... Ester

Azaria

( [illegible] )

Ester!

Ester

([illegible])

Del popol festeggiante questa
Parmi è la voce: andiamo.

Azaria (fra sé)

— Tanta bellezza!
Tanto candor!

Ester ([illegible])

Che mai?

Azaria ([illegible])

Ester! … tu mi ami?

Ester ([illegible])

Oh, il sai!

Azaria

No, tu non menti!

Ester ([illegible])

E puoi…!

Azaria

Ti offesi?
Deh, l'anima il cor… t'offesi tu mai?

Ester ([illegible])

M'offendi
Quando nol chiedi.

Azaria ([illegible])

Ah in quegli sguardi brilla
L'ingenuo cor! oh me felice!—

([illegible])

— Andiamo.

---

# ATTO III

Lo stesso luogo dell'atto primo.

## Scena 1ª

Ester

( [illegible] )

Betta m'inganna? Ah, pur ch'io l'trovi ... Assuero
Non è il tramontato — ( [illegible]
[illegible] )

Eccolo: ei giunge.

## Scena 2ª

Eleazaro e Betta

Eleazaro ( [illegible] )
Amata

Figlia — ma che t'affanna?

Ester

Il tempo stesso

Sotto la folla? L'Assiria il ritorno
Celebra con tanta pompa.

Eleazaro

Il trionfo

(Allor ch'io ti lasciai) per le festose
Valli echeggiar della vittoria antica;
Ed io, sovra magnifico arcione salito
A rincontrar mi tenda, e il fratello
Vedendo l'atto a lasciar, menarsi
In mia traccia che de' fratelli miei
Cinti le vesti, e palpiti la gioja
Per lor trionfi mi sorgean nel core.

Ester

Padre —

Eleazaro

Onde lieta non sei tu? Allo sposo
Forse involta? —

Ester

Ohimè!

Eleazaro

Speranza il veggio.
Non mi rispondi! — Ciò non ti turbi: avvezzo
Sono al dolor. Parlarti alcuna volta
O guardarti da lungi, a me conforto
Recherà pur non lieve: ancor la madre
[illegible] se in lei [illegible] alquanto,
A consolarti scenderà.

Ester

Infelice
Più che non credi, sono. [illegible] l'avvento
Cor d'Assuero sposo [illegible], ma il credo
Pontefice [illegible].

Eleazaro

Egli! —

Ester

I tuoi passi
Tutti conosce e il tuo ricovero. In altro
Aspetto lontano [illegible] e tosto. —
Dal tuo umile asilo, se fra tre notti
Vivida fiamma [illegible] all'alba ascendi

Fuor certo sangue, io rotterò quel torto:
Azaria placherò, quindi io medesmo
Velerò a te.

Eleazaro

Ah figlia: e questo vero.
Fia immolato Azaria, nulla io sa.

Ester

Lassa!
Dunque dagg'io ch'a infame patto ei m'offre
I giorni tuoi!

Eleazaro

Chi!

Ester

Di vergogna avvampo...
Sì, per me sente d'empio amor l'ardore
Già da gran tempo: e poiché vana ogni altra
Arte gli torna, or con minaccia orrenda
Sta assalirmi... Ah che ti dissi! Oh come
Tremi! Padre, ti calma.

Eleazaro

Ah, con tranquillo
Aspetto, qual mi credi, tutte non posso
Soffrir le angosce, onde m'abbeveri, o Dio!
Troppo è questa: a furor tratto mi sento!
Cristiano io son — non fui guerrier — la destra
Si risovvien del brando! — Io perdonava
All'impostor l'a me rapita pace
E il comando e la gloria e il tetto mio.

Ma straziar la mia figlia!

Ester

E chi potrebbe
Contr'uom cui sacrosanta ara fa scudo?
Contr'uom che accenna, se il suo cenno è morte?
Fuggirlo è forza. — Bilanciar sua possa
Braccio d'uno sposo a nullo altro è qui dato;
Nè eguale pur [illegible] fia: del ciel l'ajuto
Uopo c'è assai ... ma questo, deh! t'affida!
Più d'ogni legge, non la tua [illegible]?
L'iniquità cadrà e il regno ... Ah, vanne.

Eleazaro

Cadrà, sì! ma nel lor regno ahi quante
Vittime atterran! — Qual m'invade or fero
Spavento [illegible] non poss'io: mi splende
Dell'avvenir quasi un orribil lampo
E pregiato amore in [illegible] mutarsi
Veggio! la stirpe del possente all'ira!
Tu di perfidia e di calunnia cinta?
Tu della tua innocenza e d'esser figlia
Al genitor non rispondi punita?
Ester! Ester! Qual mostro, in sola apparenza
[illegible] comincia! me misero! salvarti
Chi [illegible] puó?

Ester

D'Ester lo sposo, e il Cielo
[illegible] amor [illegible] e padre,
[illegible] lontana.

Eleazaro

Eppure... addio... ed a lungo
Separati noi fossimo... o per sempre
Quaggiù... E perocchè in ogni cenno scritto,
Crede quel figlio di Satan crudele
[illegible] si poco a fosse il sangue
Fosse che nelle vene a' tuoi parenti
Lasciassero i martiri e la [illegible]...
Ei freme i [illegible]... e quest' affanno
Forse presagio del futuro è [illegible]
Retaggio ahimè! tua [illegible] un giorno
La paterna sfortuna... unico retaggio
Deh siati allora la costanza! il padre
E la madre rammenta: e più rammenta
Il forte [illegible] de' [illegible] il Dio!
Amalo, il prega, e a lu[i] [illegible]!

Ester

Mio padre,

Diletto padre!

Eleazaro

Di costanza io parlo,
E in lagrime mi stempri? Ah no, frabosa (?)
Indegna è questa... Ester, coraggio... addio;
Da qualche monte, sulla tua notte, il segno
Ti porgerò del mio [illegible].

Ester

Abbraccia
La genitrice. I passi tuoi [illegible]
Ben prego, o ogni [illegible]: nel ritornartene [illegible]

Sta [illegible] [illegible] Iefte, [illegible] il torrente
Inavvertito non passi?

Eleazaro

È più secreta,
Ma più celata è una salita: il masso
Sotto [illegible] ascenderà.

( [illegible] )

Scena 3a

Ester

Signor, protetta,
O sempre [illegible] o Ciel! — Di quai sciagure
[illegible]! che Dio volea! Sciagura
Havvi maggior di questa! andar raminghi
I miei cadenti genitori! in terra
D'un popol straniero! a ricovrarsi astretti
Fra i sassi del deserto! — Oh notte!
Passanti là sovra rovida rupe! —
O di duolo spiranti — o ver di fame!
E pensan che alla vecchia età infelice
Niega una tomba! e morir della
Pensan che a [illegible] ! Susan la figlia
[illegible] morendo: ella non v'è,
Lontana piange!

Scena 4a

[illegible]

Azaria

Oh infame pianto! Il giorno
Del mio ritorno è scellerato è tutto:
Di pien lutto fia giorno!

( [illegible] )

Ester

Ciel! quai detti!

Qual rabbia insana!

Azaria

Perfida! e tu pure
Trattenermi osi? Qui inviano addio
I sotto amante: ultimo addio, ed giuro!
E l'altro mio ne viver, qui strascinato
Appo la fede tua, qui, sotto i colpi
Del mio acciar replicati, il caro petto
Ti manderà l'ultime voci!

Jefte

Arresta:

Chi m'ascolti?

Azaria

Il mio furore ascolto. ( fugge in ... )

## Scena 5a

## Ester e Jefte

Ester

Ov'è l'empio mio tracciata?

Jefte

In van fermarlo
Volli: se nella tenda ei non rinvenne
È fortunato qui prorompe.

Ester

Indegno!

Da te non la calunnia!

Jefte

Oh ciel! ... Ma l'orme

Del padre tuo ben trovai: scoperta

Sua innocenza ora fatta.

Ester

E' tardi, il veggo:

E pure di formarle era tua mente,

Nutrir l'empio sospetto, agl'ingannati

Occhi tuoi far [illegible] !

D'Eleazar raggiunte abbia pur l'orme,

Che tanto alfin! D'inverno esule [illegible]

Fraudator parte Azaria mai fosti!

Il basso cor non ha d'un Jefte. Oltraggio

Mi fia... ma giustizia alla vergogna

Dell'offensor sottentrerà — Ei torna....

Jefte

E nell'ira ritorna.

## Scena 6.a

Azaria e Detti, indi Popolo

Azaria

Ove s'appiatta?

Ove si andò? Da ognuna parte il vidi, —

Qui intorno forse ti nascondi! — Indegno

Adultera, sei! — Parmiti rivale
Arderi, e oh doppia infamia! ei un codardo! —
Eppure tai scegli i tuoi campioni? E speri
Che al furor mio la sua viltà il sottragga?
Lo speri invan! — Ma intrepida te toglia
Ergi all'offeso signor tuo! Tant'oltre
È già il fallir, che inverecondo stalla!
Trema.

Ester

Sicura l'innocenza è sempre.

Azaria

Ah baldanza! ma tarda è. Già m'è noto
Che mentre al campo io stava, a parlamento
Ester gía, e innanzi giorno e a sera
Col suo amante tenía. Cogli occhi miei
Or me n'accerto: e so ch'Ester è avanzo
Ultimo di sua stirpe (ah! d'esecranda
Apostata, per troppo, iniqua stirpe!)
Sa ch'uom non crei in terra, a cui der possa,
Senza colpa, Ester detta, vendetta e pianto;
In somma, più ch'io non vorrei, tua colpa
Emmi chiara, innegabile: e tu accresci
Lo sdegno mio coll'impudenza.

Ester

Il padre —

Azaria

Rammentarmi osi che un fellon t'è padre?

Così nol sapess'io! così tu stessa
Non mi mostrasti che smentir non posso
[illegible] mai! La fé, l'error,
Avvezzi a scherno, credi[illegible] e dritto
Io vo' genio di giubilo! sembianza
Umil santa, pudica, e in cor l'altare
Del tuo Iddio, l'apostasia la giuga
Crudel del mal! — Mi affatturato ed empio
Che i nemici d'Iddio mai non chiamasti!
Ma d'abborrirli eternamente or giuro,
Più che i romani non abborra. —

Ester

Arresta!

Saggi —

Azaria

E intenderli comunque, e sterminarli
Giuro, e bramare ad Israel la caccia
D'avere infetta di tal peste il mondo! —
Ma qual tremor t'invade! Oh! — [illegible]
Infra i seguaci della Croce il credo!
Nobile amor! più di te degno! E gioja
Maggior n'avrà questo affettato fiero
Orlando giudeo... Colui mi nomina: intendi?
Il nome!

Ester

Sciagurato! Ed avvertiti
Poi tanto? e —

Azaria

Taccia (già tel dissi), taccia

Ogni menzogna: il tuo delitto è certo:
E il tuo fugir. —

[illegible]

Ah non tradimento è questo
Dell'iniquo Pontefice, in cui mira
Dipinto in volto il giubilo feroce
Del dolor nostro: ciò saper t'è forza,
Ed arrossir di tua ingiustizia.

[illegible]

Oh prova
Or di compiuta iniquità! L'audacia,
E la calunnia! ... Come? io?

[illegible]

Costui [illegible]
Patria qual era il misero fuggiasco,
Ma l'ignorarlo ei finge, poiché gli accechi
l'amor geloso a danno mio. — Lo affida
A persona ch'io nomare non può ardita
Cui morte porsi tu. Ma il giovine istesso
Scorgli soltanto, e fu sacro mi dona
Che, qual pur siasi quel mortale illeso
Fia dal tuo acciaro, — e in me (con generosa
Difesa) dei pugnali, ahi più tremendi!
Di costui liberato ... ed io col mezzo:
E fia palese mia innocenza.

[illegible]

Oh leggi,
e Lauria!

Azaria

Che parole! In dubbio sono
Se in lei maggior l'infamia sia, o l'audacia,
O la stoltezza. — E chi t'intende, o Donna?
Qual colpa osi tu apporre a incontaminato
Dover ministro del Signor! Mal noto
Ancor di Jefte la virtù a me fosse,
E a lui qual util dal mentir? Tu stessa
Le ambagi che dal tuo labbro profano
Escon, non sai. Spiegati or tu. Ma ch'io
Al tuo amator scudo mi faccia! a quello
Giuramento allacciarmi! Empia, e lo speri!

Ester

Ma se innocente io sono: ma se infelice
Profugo vecchio —

Azaria

Oh rabbia! ... ecco, la turba
Già ne circonda: pubblico è già fatto
D'Azaria l'onor.

Ester

Pubblico fia
Del colpevole vero il disonore!
Jefte ...

Jefte

( al Popolo che vi viene adunandosi a poco a poco. )
Udite ... Condannata è la rea femmina
Questa innanzi di sè, meglio del prode ...

E al tuo delitto orrendo, or fia che aggiunga
Di sacerdote il vituperio?...

Ester

Ultrice

Sì!
L'accinta prova: ti scolpi giudice il reo.
Il vergognoso arcano in oblio eterno
Giacer dovrebbe: ma alla luce addurlo
Costretta io son. — D'impura fiamma egli arde
Jefte, sì —

Azarea (facendo verso Ester)

Ah! il Pontefice!

Jefte

Non s'oda.
Oh scandalo! oh calunnia! Ella bestemmia.

Popolo

Lapidatela!

Azarea

Fermate. Io più di tutti
Contro la scellerata, in d'ira avvampo;
Io tradito tradito! io solo ho dritto
Di far di Jefte le vendette e mie! —
Ester, pateta il mio rivale a morir. — (puntando la spada alla gola)

Jefte (con forza afferrando Azarea)

Arretra — in mano del Signor, le impongo.
Per gli oltraggi a me fatti, altra vendetta
Che il perdono non voglio — Per la tradita
Fé coniugale, i giudici abbiam non lievi.

Ma non piena certezza, ch'Ester, puoi
Confessar non vorrà tanto delitto.
Ostervisi la legge. — Allor che infida
Al dover suo moglie si crede, e prova
Del misfatto non v'ha, Mosè comanda
Che al geloso consorte un sacro rito
L'indubitabil colpa o l'innocenza
Mostri dell'accusata.

Ester

Oh ciel!

Jefte

L'amara
Componete, o Leviti, acqua tremenda,
Onde abbeverar si debbe Ester sospetta,
E a cui — se pura è l'alma sua — niun danno,
E — se adultera fia — recherà morte.

Ester

Misera me! Azaria, così rammenti
Ester tua? la sua fè, l'ossequioso
Tenero, immenso amore? E creder puoi
Ch'a un tratto scellerato io mi facessi?
Jefte tel dice: ah il cor, no, non tel dice!

Azaria

Ester...

Ester

Pietà, ten supplico.

Azaria

Stupefatto

Io voglio il ver.

Jefte

Lo indagherete insieme.

A voi, Leviti, io la consegno.

Ester

Aita!

Difenditemi! Sposo!

Azaria

Olà!

Jefte

Irata

Del giudice inerte esser potrebbe,

Perchè appien fosse alla sua mente chiaro

Su nella grotta di prigione ... e il reo

Formidabile intanto apposteremo.

Ester

Io chiusa in carcere! preda io di quel mostro?

Ah ... lasciatemi ... udite ... il fuggitivo

Era ... ohimè lassa! ... e il tradirò!

Azaria

Fasella

Il fuggitivo chi?

Ester

Rivaw il portegno

Ha, rival tu non hai! Da Jefte il taleo,
E il marrerò.

Azaria

Qual forza in me tollera
Fu mal mio grado quel tuo pianto! Ah, ogni altro
Sia finchè un mio rival, talvo è colui:
Nomalo.

Ester

Giura...

Azaria

Il giuro.

Ester

Egli è mio padre!

Tutti

Eleazar!

Jefte

Menzogna !

Anna

A scherno prendi
Così la mia pietà ? Noto a ciascuno
Non è d'Eleazar caduto in fiamme
Dagli idolatri sacerdoti [illegible] ?

Ester

Da quella strage Jebbio scampollo. Egli erra
In questi monti. Jefte il sa ..

Jefte

Che intendo !
Oh impostura ! Un istante ancor restato
Saria in Engaddi il traditor, se Jefte
Scoperto n'l'avesse ? il mio nemico !
Il nemico di Jebbio ! l'uom che più abborro !
Ma udir che val sì strane fole ? E' polve
Eleazar da lungo tempo .

Ester

E' vivo .
I dì paterni a me Jefte donava ,
Sperando che al suo amore [illegible] io cedessi .

Asfte

Chi ascolto?

Popolo

Sapienonda?

Azaria

Orror mi fai.

Va, sciagurata, io t'abbandono.

Ester

( mentre sfiora s'atteggia ira )

Oh sposo!

Del vero almen chiarirti : rintraccia

Cercar, ma il giuramento aborro.

Azaria

Rintracciarlo? ma dove?

Ester

A lui ricetto

Un giorno fu di David l'antro.

Asfte

È nello

Ommetter cifi onde risplenda il vero.

All'antro di David menalo, o Azaria,
Al apparir d'uom s'albergi e che Sefte.
Ma or fin si ponga a cotanta gara il cielo
Giudice è qui, taccia il mortale e adori.

Ester

A te, Azaria, mi rivolgo! Ravvediti
Di questo error: tardo non sia il rammarico!

Azaria

Fermati: Quali accenti! Ester!

(corre a lei)

Ester

Il figlio
Ti raccomando

Sefte

A forza si tolga.

( Il popolo [illegible], [illegible] Azaria, mentre Sefte conduce via Ester )

Scena 7.ma

Azaria e Popolo

Azaria

Barbari! – Ma che parlo? in me alcun [illegible]
Umani ancor? Faccia di [illegible] [illegible]

[illegible] sua montagna ! [illegible]
[illegible] ! oh stoltezza ! oh malaccorti
Vani ripieghi ! e chi tradiscon ! – [illegible]
Un traditor ? l'amico mio ! furente
Di sacrilega fiamma egli ! il custode
D'ogni virtù ! quel pio, quel santo vecchio !
Quello a noi tutti, e più a me, duce e padre !
A tal accusa, è universal lo sdegno,
Il raccapriccio. – Ester (credete amici)
Fuor di senno era – un infernale spirto
La sua mente invasa. – Che dite ? Il figlio
[illegible] ... !

( [illegible] )

Il figlio ! – Oh più che morte
Orrido, straziante, infame aspetto !

( [illegible] alla sua tenda, [illegible] )

---

# ATTO IV

Tempio sotterraneo scavato dalla natura nel [illegible] senza alcun lume.

## Scena 1a

Ester [illegible] Azema con una lanterna [illegible]

Azema

Per questo negro avvolgimento il piede
[illegible] e con la croce ... Ester! ... Non m'ode!
Ma, oh ciel! che veggo? ... Ester al suol! ... Ella dessa!
Morta! ... Ahi lasso! qual tremito! ... Accertiamo
[illegible] l'anima sia forte ancor! ...

(Si appressa, si affanna, col lume [illegible])

Azema

Forse ... orrendo pallor le sta sul volto ...
Parmi ... e respira! ... oh lagrimevol vista!
Chi mi regge? ... le [illegible] ... Oh amata donna!
Così ridotta [illegible] ... quel labbro,
Sì smunto, bianco! appassito! ... aperte
Ha spente le pupille! ... Ah no, non vive
[illegible] ... Che dico? ... Fu tradita:
Fingea d'amarti e un altro era il suo amore;
Indegno! ... Eppur il giovane! ... [illegible]
Forse! ... Chi sa? ... così [illegible] il [illegible]
[illegible] affetto ella con esso
[illegible] combattea ... vittoria un giorno
Forza ottenuta la ragion ... [illegible]
Io l'amor suo! ... [illegible] alma ... [illegible]
[illegible] ... ah, l'infelice

Voleva amarmi e [illegible]! Mia sposa!
Ester! — Fredda ha la fronte — il core — è muto.
Oh come sotto questa mano un tempo
Palpitava quel cor! — Ma dove io sono?
A chi [illegible]? Furor, vendetta io [illegible]
Spirava: e ci piango. Il sento, un vil son io
Virtù non ho: schiavo d'amore io sono:
Cieco idolatra io caddi... Ah! riede,
Riede alla vita: insegna Dio, ma vive!
Oh! io muojo, ma tua voce ancor una volta,
Tua cara voce all'alma mi penetri!...
Ha, non mi ingannai, muove ha le pupille:
Oh sposa! Ester! [illegible]

([illegible])

Ester ([illegible])

Ahi mi lascia!...

Oh sogno orrendo!

Maria

[illegible]

Ester ([illegible])

Abbandonarlo... e questo altar... tu Dio
Con Israel non è?

Maria

Che intende? Al nato
Culto forse [illegible]?

Ester (come sopra)

Ov'è la sacra

Onda?... l'amata tua Ester... la vedi
In questa fronte: il tuo signore è il mio.

Azaria

Oh sacrileghi accenti! Ester –

Ester (come sopra)

Qual voce!

Proprio siam: deh fuggi!

Azaria

Oh! – a colui parla!

Ester

(e poi a poco rinvenendo)

Qual luogo è questo? – e tu, chi sei? – Ma certo!
Diletto sposo, tu?

Azaria

Perfida!

Ester

E taci?

Segno hai di pianto e d'ira il ciglio

(S'alza in piedi guarda a Azaria)

Azaria

Io sono

Il più infelice de' mortali: un vile
Offeso sposo che abborre l'ingrata.

Che il tradirei vorrebbe, — e l'ama ancora,
Miseramente l'ama!

Ester

Ahi! mi si schiera
Nella mente il passato — In carcer tetro —
Qui, fra l'orror delle tenebre, oppressa
Da disperato duolo, orsai gran tempo:
Tutta la luce mi mancò: speranza
Di finire i miei mali: ahimè, ancor vivo! —
Ma te chi guida appo colei che spregi!

Assuero

Chi? Non ben io nel so: insane forze
In me di sdegno, e di pietà, e d'amore:
Brama di trar dal cor piena certezza,
E brama in me d'illudermi più sempre:
E guar che mi Ester fida ebbi, a cui solo
Io sovra ogni altra, io sol fui caro — e a quella
Ester d'allora, ornar nuovamente
Un istante, e morir!

Ester

Barbaro! ingrato!
Or di falsità benda ora hai sul ciglio!
Ma vedrai: vote fia di Assuero...

Assuero

L'inutil fola ancor aspetti? I messi
Dalla caverna di David tornaro:
Deserto è il loco. Tu aggiungesti stolta
Che da te mosso il padre iva cercando
Fra selvaggi antri: in ogni balza e fosso
Suoi fidi manda ad esplorar. Ma tempo
È di lasciar costai lusinghe. — Ascolta:
Per pentirsi qui mi guidò pietoso:
Pubblica, indubitabile fra poco
La tua infamia certa — trarti la morte.
Il vedi — un ferro io qui cercava — ah, vedi
Il mio coraggio or nel mirarti!

Ugo

Oh Dio!

Azora

Qual ti si appresta formidabil rito
Dalla nostra legge, il sai: tremende
Imprecazioni, e portentose preci
Sacerdotali attraggono dal Cielo
Su consacrata testa, sin che è morte
Spaventevole a rea donna in atroce
Supplizio a lei le viscere straziando.
Da questo orrendo supplizio io liberarti
Qui giungendo volea, ma ricusar potrai,
E lasciar dubbia la tua colpa almeno.

Lasciar che alcuno dir potesse: "Forte
"Dal ferro d'Azaria vittima cadde
"L'innocente Ester" ... Dolce ecami, in parte
Far oscurata la mia fama al mondo
Onde in parte la tua veduta fosse ...
Vibrare il colpo, no, non posso ... il ferro
Deponi ti posso ... arbitra far te stessa
Di sottrarti a infami obbrobriosi
tormenti ... Di fuggir l'aperta taccia
Di moglie infame!

Ester

E qual tormento è pari
Ah! si spietati detti?

Azaria

Io perdonarti
Innanzi al mondo non potrei — qui, scevro
Di testimoni che mia fralezza irrida,
Qui innanzi al solo Iddio potrò morendo
Perdonarti — il potrò. Mortal superbo
Son non ogni uomo: senza il mio orgoglio è nulla:
Il dominar più non mi cal ... l'amarti
Era mia gioja! nel celeste gioja
Una mi resta, il morir teco ... Scegli,
E qui son pronto, a entrambi eguale morte.

O (se appiè delle sacre are tu spiri)
Sì vedermi trafitto

Ester

Ogni tuo accento
Esprime sì crudel ferma certezza
Ch'io spergiura io sia, che omai non sto
Sperar di trarti più d'inganno. Ogn'altro
Ch'altera sdegnata a tanti insulti
Mi troverebbe, aspettatrice muta
Del velen che il Pontefice m'appresta:
Ma tal sei tu che... da' tuoi piè calcata
Ingiustamente... ancor amarti deggio
E amar... Tu parli di morire! e vile
Abbiami pur, compier da sé lascia
Quella terribil minaccia (e vita e fama
Aspiran!) Ester farsi rea! ch'io sia! Ma vinto
Ov'è non volgar da una straniera è il prode!
Cessi ver me tuoi dover tutti? Il duce
Di d'Israel? non è Azaria? Sei aperto
Immenso campo di letizia ancora
E di virtù e di gloria: indi ritratti,
Battista fora, seduzion... di padre:
Lecita a me il rammentarlo? all'imo Nobile
Ha teco d'anni orba restar la madre,

Ma il genitor, parte di vita è a lui:
Da te gli esempli di valor, di grande
Alma, da te ben imparar del padre.
Ah, fra straniere mani abbandonarlo
Quel caro pegno ell'è barbarie troppa.
A te basti ch'io muoja: il tuo rancore
Non stender oltre. Mia sembianza, è vero,
Serba il picciolo Abel: rimembranza
Chier talvolta, ma ciò a lui perdona –
E ciò sia di sorte a te fia caro...

Adamo

Oh interna
Inesplicabil guerra! oh incanto!

Abel

Tu dolce
Pietoso n'hai: caro ti fia la madre
Ricordar del tuo Abel. Breve trionfo
Ha la calunnia: verrà un dì la luce
Che in festa ascende l'avversario antico
Il re Satàno: allor la mia innocenza
Canteran meste le figlie d'Engaddi,
E tu quel tanto udendo, alcun sospiro
Mi donerai, ti guarderai pietoso

D'Ester la tomba..

Azaria

E' ei esiste? — Ah, il vedi
A quale stato di viltà lo hai tratto
Questo altero guerrier! Sue colpe ei teme,
Del tuo mentire è complice; ei raccapriccia
In ascoltar di Jefte il nome santo
Profanato da te, pure ad un tempo
Suoi finti detti ei bram... — D'Ester la tomba?
Non la vedrò giammai!

Ester

Mie colpe tremi!
Ma perchè sì tenace è il creder tuo
A scellerato amore? ad uom che spinte
La sua baldanza atroce (inorridisci!)
Fino ad offrirmi del tuo scempio rea
La man di sposo! — Mi respingi? Indarno
Dunque?...

Azaria

Pacato — ancor teco parlasti. —
Inestinguibil di ragion v'è un lume,
Che i giudizj dell'uom guida: quel lume
Splende anco a te. Ben da te stessa il vedi
Che nome di Jefte creder può giammai
Infamia tanta — d'un mortal che tutti

Omai trascorsi, e tutti nella via
Di virtù più severa, ha gli anni tuoi:
È ver, fu pura ancor tua fama un tempo:
Ma giovin sei: ma contro te una mera
Voce non è che attesti... Al sacerdote
Ombra di colpa niuno appon: ma visto
Col fuggiasco, tu il festi: io lui piangente
Dei teneri congedi, io ti sorpresi:
Ciò negar tu nol puoi. Che giova adunque
Il finger più? Scegli un partito alfine.
Non rea, ma stolta: il faller tuo confessa,
Solo a me... qui... niuno il saprà. Tua piena
Fidanza in me, prova mi fia che indegna
Appien non sei del mio perdono: ove basta
Perchè di Jefte stesso io l'ira affronti,
L'ira d'Engaddi intera, e in ogni sorte
Dal già decreto rito io ti sottragga.

Ester

Ed io pianti dello amor risponde... —
Lume che guida uman giudizio, è falso
Lume talvolta: ah, nol sapea, lo imparo!
Io del creduto estinto padre mio
Il ritorno narrai, ciò inganno sembra?

Disse ove stanza avea: niun sul ritorno,
E ciò maggior sembianza di menzogna
Avea al mio dir — che intero Engaddi quindi
Se non mi presta, non poss'io biasimarla.
Ma ben soggiungo, ch'ove altrui fa forza
Apparenza fallace, havvi a cui nulla
(E ogni apparenza ad onta) altro far forza
Potria che il vero: ed è colui che un cuore
Possedea tutto, e le più ascose fibre
Ne conoscea, e mai palpito rio
Non vi rinvenne, ed era ove asseverarlo
Da stranie lingue, e con potenti prove,
Che quel core era negro di perfidia!

[illegible]

Ester — mi seducesti — or io di Jesse
Da ben più lungo tempo, il tuo sublime
Astio non conoscea. Ogni altro in terra
Calunniato lo avesse, io ti credea.
Ed oh! pur troppo sorrio anco, e mi fermo,
Onde l'audace tuo sacrilego odio
Contro quel giusto. Or quanti fariseggiando,
Mi ti svelavi: adoratrice occulta
Fatta ti sei del nazareno profeta!

Ester

Religion paterna è ... mal mi è nota,
Ma è ver, la amava ... e più d'anche all'altare
L'Israel reggia iniquità ministra.

Azaria

Or termin pongo al tollerar mio [illegible]!
Lieve fossero l'altre: assai bastante
Di tua prevaricata alma una prova!
Tradivi Iddio, me non tradita avresti?
Più in me tornar: quella furor sottentra
Alla stolta pietà. Tutto adoprava
Per trarti al pentimento: invan! Decisa
Dunque è tua sorte ... e in me la mia!

Ester

Deh, ascolta!

Azaria

Vuoi tu sfuggir l'infamia? Ecco — ([illegible])

Ester

( [illegible] )

I tuoi piedi

Mira la fida tua sposa innocente:
Pietà! Immolata esser degg'io?

Scena 2a

Jefte precedendo con furore, e Detti
[illegible] con lumi

Jefte

Guerriero,
Quai detti ascolto che non hai? Stringono
Sacre son queste: e di varcarle ardisci?

Azaria

Pontefice ...

Jefte

Sedotto ahi dal pianto
Non di certo, mentre più gravi or trovo
Del delitto gl'indizj?

Ester

Oh ciel!

Azaria

Che!

Jefte

I messi
Riedon che dalle alture circostanti
Investigaro ogni erta, ogni spelonca.
Di mano teschio rinvenuto [illegible] contenta:
Dissi di giovin cacciator che agli atti,
Ed al volto, e alle vesti, tradita
Non sembra: esploratore forse del campo

De' comandi i colpi: forse l'amante
D'Ester sei tu, sei...

Azaria

Scellerato! aggiunto
Il tradimento della patria avresti?
Sei d'un rivale! d'un mio mortal nemico!
Oh rabbia!

(prende il brando ed [illegible] a terra)

Jefte

(trattenendolo)

Forsennato! Adoprar dunque
Dovrò la forza? Olà! (compariscono alcune guardie)
— Costui si prenda
Dell'infelice, il dolor mio non turbi.

Ester

Lasciate ch'io m'uccida... Ah, sposo mio!

Azaria

Mora, perisca infame! è tardi!

(è condotto via. [illegible] delle guardie [illegible] a terra)

Scena 3a

Ester e Jefte

Ester

Abbominevol mostro! anima atroce!
E sul tuo viso sta infernal sogghigno!

Iefte

Tutto cede a mia possa. E debil canna
Il gigantesco petto ergere vuol forte?
Eccola infranta! misera!

Ester

E non temi
I fulmini?

Iefte

Io li scaglio.

Ester

Iddio....

Iefte

E poi forti.

Ester

Chi opposto, par non cedere al malvagio,
Ha forte chi, nel pianto e nell'abbandono,
Sprezzan più sempre il trionfante iniquo:
Ha colui forte è Iddio.

Iefte

Quando ogni speme
Ti manchi sulla terra, e tu lo invoca.

Ma ti consiglio ad indagar; più certa
Speme nascer dalla terra in afflitte voglie,
Né il debbo mai proporre il saggio al certo. —
Vita, fama, parenti, ove beate
Siccome te, sola render può Jefte.

Ester

(pensosa)

Jefte

Non rispondi di tutto: un breve istante
Rifletti, e pensa se ciò è meno l'estremo.
Non confini ha la mia possanza: il punto
Fatal verrà, in che bramerei salvarti
Né il potrò più. — Riconosciti m'incalza;
O perder me, se te nemica io trovo,
Od annodarti onde salvarmi — oppure
Perir ambi entrambo, e collegati in fido
Vincol secreto d'amistà, ritrarci
Dall'ardua piaggia ove corriamo.

Ester

Fia detto

Insidiosi or nuovi insulti accolgo,
O de' rimorsi udrotti il grido?

Jefte

Figlia,
Con impassibil, fredda alma, mai perda
Tua bellezza divina a morte (io che ardo
D'amor per te!) credi che il possa io mai?
Il mio desir è il viver tuo; ne' estinta
Da me sarai, se non tu mi vi astringi. —
Fa ch'io non trovi le tue accuse, e tutto
Eleazar si troverà, e disgombri
Pien contro te i sospetti, ed io primiero
Prostrarmi innanzi ad Azaria ed al volgo
Zel pei santi costumi in me destarebbe.
Ma d'uopo è ch'Ester m'assecondi. Il padre
Riscatterai, lo sposo che ti è caro
Vedrai felice: — entrambi, sì, se il brami,
Risparmiar so'.

Ester

Che a me prometter vogli,
Jefte ben non intendo: e intender troppo
Fia già paventa. — E col desir le accende
Ch'io te donni, col dimostrarti ossequio,
Otterrei vita, libertà, contento,

Padre !

Iefte

Ma che mallevador ti caro

Del tuo tacer ! ....

Ester

Non proseguir !

Iefte

Tradirmi

Potresti ognor, se irrefragabil pegno

D' umiltà Maestosa io non ne accolsi.

Ester

Terribile è la mia sciagura ! ai rari

Pacenti forte in cagionar la morte !

Perdere l'uom che adoro e amore e stima !

Esecrata morir ! Tutto si perda :

Uccidimi una volta, empio ! gli oltraggi

Son più terribili assai d'ogni sciagura.

Iefte

Al tuo riflettere, tempo ultimo diedi.

Or passa: bada ! trema !

Ester

Impero non tremo.

Iefte

E pel rito!..

(prendendola pel braccio)

Ester

Andiam!

Iefte

Nel consacrato reggie —

Ester

Il re, rilasci stesso.

Iefte

E tu il boccaio!

(la rendono furibonda alle guardie che l'arrestano, e la trascinano con sé)

cala il sipario

---

# ATTO V

Tempio

## Scena 1ª

Jefte e Leviti

Jefte

(è prostrato innanzi all'altare, mentre i Leviti in piedi stanno intorno a lui, avvolti anch'essi in tacita preghiera. Dopo qualche tempo il Pontefice si alza.)

Compiute son le preci: ite: le porte
Del tempio [illegible], e la rea
A me adducete.

(i Leviti partono)

## Scena 2ª

Jefte

Eppure ondeggio! tutti
Del par son [illegible] gli umani!
Le ardite opre si premiano ... e al compirle
S'inorridisce: [illegible]!...
Rimorsi?... no: d'amore è turbamento.
Fanciulla ancor ... già mi parea ... Dipinta
E la virtù in quel volto ... ignoto incanto,

La virtù! Dai vegganti in un deserto

Ed ammirata! — Antica, egregia sogno,

Quale, anche dotto, non si ricorda, e il brama!

Sogno! e se tal non foste! ... ecco, gli amani

Scintillamini ton! Jefte infiacchito

Se' tu vecchiardo, e perciò trami ... Iddio!

Anch'io un tempo il pregava — Oh stà felice

L'errori! — il ver, tristo è guadagno, infame!

— Jefte! — io vacillo, parmi.

## Scena 3a

I Leviti conducono Ester velata

Jefte

Duce un istante

Sua favellar debba.

(fa cenno ai Leviti, i quali si ritirano)

Ester

(la sua voce è commossa: malgrado la forza della sua fede, [illegible]

[illegible] e quel tremor [illegible] alla morte [illegible])

Ov'è Maria!

Ch'io l'vegga almeno pria di morir.

Jefte

Pritervo

Ancor sei tu! Vedi: la terra è quella:
Questo il suol ove in breve ah! palpitante,
Fra dolori atrocissimi – a miei piedi –
Perita piangerai, ma troppo tardi.
Raccapricci – il sospir quasi ti manca –
Ti reggi a stento – ancor pietà mi fai, –
Qual più di tua stoltezza! – Odi il lamento
Del piccolo tuo Abel; misero! ei chiama
La madre sua, nè più la vede: al figlio
La snaturata antepose l'orgoglio!
Vè a quel fanciullo suo padre [illegible] – e pianto
E rabbia struggon d'Azaria la vita:
Il figlio ei mira, e lo respinge; orrendi
Dubbj in lui forte...

Ester

(colla massima [illegible])

Ah non tacer, o barbaro
Mai non udita!

Jefte

Ah ciò tu non pensavi...
Di madre! e sposa! – e figlia sei! Qual bassa

Per sua ragion, quand' Ester più non v'era,
Di perdonar le antiche ingiurie al fiero
Eleazar! tuoi genitori abborri
tutto Israello, aspettati li chiama:
Strascinati al supplizio, eccoli! indarno
Da te sperano lor salvezza!

Ester

Oh basta!
A brani, a brani il cor mi squarci; e quando
Io fia mai nato che la infamia tranne,
In tutto scelga? Infamia m'offri, e morte;
Morte dunque m'affretta! (con alta risoluzione)

Jefte

(ad alta voce ai Leviti)

Il popolo entri.

## Scena 6ª

I Leviti aprono la porta del tempio, ed entra il popolo [illegible] [illegible]. [illegible] [illegible] dell' altare, [illegible] al quale Jefte [illegible] ad Ester. I Leviti [illegible] all' altare. [illegible] [illegible] che la [illegible] [illegible] la cerimonia all' [illegible] del popolo. Ester si è coperta col velo. –

Jefte

(mentre Ester più non [illegible], s'avanza con passo verso il popolo, le toglie il velo)

(additandola a tutti parla con voce solenne)

Ester, — d'Eleazar figlia e di Sara —
(Ricordi entrambi, adorator dell'Eterno)
Tribù di Beniamino, d'Azaria sposa
Sospetto dee di violata fede
Al signor suo: questo a sgombrar tai dubbj
Interroga l'altar. Ora che lo spirto
Formidabil d'Jehova tentar si ardisca,
S'oda la voce d'Israel! — V'è alcuno
Che provar sappia di costei la colpa?

Tutto il popolo

No!

Jefte

Universale è il grido. E di costei
Attestar l'innocenza, avvi chi il possa?
— Ognun si tace?

Ester

Io sol ciascun l'attesta,
La mia innocenza; e quel silenzio è lode
Di condotta irreprensibil donna.

Jefte

(al popolo)

Sfuggirà dunque, s'attestar non puossi:

Io ve l'intimo, rispondete.

(Silenzio)

Teste

In nome
Dell'Eterno d'Iddio: parla, o fratello:
Muster puoi?

Popolo

No!

Teste

Universale è il grido:
Interrogato esser vuol dunque il Cielo.

Un Levita

(presenta al Pontefice un vaso d'argento nel quale
è l'offerta del mietito, prescritta dalle leggi; così farina
ecc.)

Teste

(riceve il sacro vaso, lo innalza, prende una mano d'Ostie
la parte dell'offerta, e dice al Popolo.)

Questa è l'offerta di Bacco!

Due Leviti

(sostengono l'Ara, mentre il Pontefice va all'ara.)

Teste

(prende dal vaso un pugno di farina, la getta sul fuoco che arde sull'ara
e pronunzia con tuono grave questa preghiera.)

Signore,

Dell'afflitta tua serva il sacrifizio
Gradito senti, e sulla terra adduca,
(Dall'occhio tuo che tutto vede) il pieno
Conoscimento del celato arcano. (pausa)

(si rivolge al popolo, e parla sempre con [illegible])

Come la donna, se così essa è fede,
Resa allo sposo suo gioja e salute,
Ma, se fè rompe, e del suo sposo omicida....

(prende con due dita un po' di terra appiè dell'ara)

Polve cui del tabernacol santo,
Che in questa tazza io metto.... alle innocenti
Sarà salute tu; pure alla rea
Convertita in dolore, e a lei sia morte!

(torna ad Ettore e la presenta al popolo)

Padri... se alcuna delle figlie vostre,
(Ove sia rea d'Eleazar la figlia)
Il fatto dell'esempio mentitore
Maledizion di Dio sopra il suo capo!

I padri

Maledizion di Dio!

Sposi

Sposi... se alcuna
Delle compagne vostre, il vile esempio

D'Ester seguitelo (ad Ester pur [illegible])
Maledizion di Dio sovra il suo capo!

I mariti

Maledizion di Dio!

Jefte

Popol d'Engaddi...
Se l'accusata il sacro nappo a terra
Scaglia e rompe lei, del suo delitto è prova...
Maledizion di Dio sovra il suo capo!

Tutto il popolo

Maledizion di Dio!

Ester

(prende la tazza, si fa forza e vuol parlare alla moltitudine.)

Popolo

Jefte

Taci,
E adempi il dover tuo...

Ester

Popol d'Engaddi
Di favellare han gli accusati il dritto?

Tutto il popolo

Sì! Sì! [illegible]!

Ester

(Onnipotente Iddio

Dammi tu forza!) – Il seppi io non veduto,
Abbenchè sappia che, del Ciel non l'ero,
Tratta da questo sito, a me dia morte,
Ma vedo che il Pontefice s'infuria
Prenda il furor contro i padri avventi
Liberi tutti di chi muor. – S'io mento,
Se bestemmia è la mia, se in cor lo soffro
Non è irreligiosa anima atroce,
Che arde per me d'iniquo amor, che tutto
Per indurmi adoprò, che i sacri giorni
De' miei ramminghi genitor m'offerse
Per ch'a suo infame intento io m'arrendessi,
Io stessa, in tutto la più fiera invoco
Maledizion di Dio! e tutte a mille
Per questa sventurata onde ch'io bevo
I miei spasmi di morte! e crudeli tanto
Mai patimenti a noi mortal sopportati
Non abbiamo le carcere! e sotterra
Sia eguale, maggiore, eterno il mio martire!

## Azaria

Oh spavento! ... il reo così non parla:
Ester!

([illegible])

## Jefte

([illegible])

— Che ardita tu?

## Ester

M'affida Iddio
Che mia innocenza splenderà in Engaddi
Quando polve sarò. Or che inseguiti
Dagli sgherri di Jefte, i miei parenti
Non speranza di salvezza è data:
Forse in sue mani, ahi! già cadevano: attenti
Già forse, a loro è tomba il cupo fondo
Irreperibil d'orrido dirupo,
Nè Engaddi mai di lor saprà! — ma Jefte
Tanti delitti da per sè non compie:
Non a tutti i suoi complici fia muta
D'ogni rimorso l'alta ora di morte:
Parleranno in quell'ora; attesteranno
Ch'era il genitor mio quello a cui diedi

Sorresti ascosto, e che immacolata cadde
Senza delitto.

Maria

Oh cielo! e ver quel nappo!

Iefte

Ferma. E il tosco alcuno ver che ignori
La impudenza de rei?

Ester

L'amara tazza
A ber son pronta... ma se il vero io dico
È palese saran, oh! allor vegliate
Espier la mia morte (onde Israello
Contaminato fia) con una grazia!

Popolo

Ah! ah!

Ester

L'odio crudel che in sen trasfuse
Il Pontefice avea contro al mio padre,
Per amor mio, deh! cessi allor. Potrebbe
Di Jefte ai lari esser fuggito. Il più
Amor paterno el tenero forse allora

Colla piangente canuta mia madre
A cercar qual terren l'ossa ricopra
D'Ester loro infelice: ah, mane avvente
Contro a quei stecchi aridi le pietre!
Vicino al mio sepolcro abbiano asilo
E compianto da voi!

Popolo

Ester!

Ester

(Contenta)

Mago, o fratello, e ti ringrazio. Aggiungo
Sol breve prece: un dì Azaria m'amava!
Se lui potria mollir il dolore... ah veglie
Ciascun di voi sopra i suoi giorni!

Azaria

(Abbattuto fremente)

Judarne

Ah trattenete. Baldanzoso è l'empio
Per chi lungi sta morte: all'innocente
Del qual linguaggio appresta a morte è dato.
Ester, depone quella tazza, a terra
Scagliala!

Jefte

È fue presente reo del delitto –

Ozania

( [illegible] )

A me, a me dunque! e [illegible] è in Jefte,
Il mio traditor Jefte mai fallì, il mio
Morir ha attesto!

Ester

Oh ciel! fermo – ([illegible]) Ecco a terra
Scagliarla or posso.

( [illegible] )

Azaria

( [illegible]
[illegible] )

Jefte! – Parla! – [illegible],
Costernato è il tuo sguardo – impallidisti –
Respiri appena – ahi! di nefanda colpa
Ti segni [illegible]? Pontefice – tanti anni
Di tanto nome, [illegible] di scherno
L'esecranda impostura!

Jefte

( [illegible] )

Oh sacrilegio !

Così l'oltraggiano del Signor gli eletti !

Sì ... dallo sdegno ... nelle fauci tronca

Mi è la parola ....

Ester

Dal terror, dal grido

Di lacerata coscienza ... Oh sposo !

Cedi alla voce che a me alfin ti piega,

E s'altro prete ancor non sorge .....

Eleazaro

all'entrata del tempio

( [illegible] )

Il popolo

Ah aprite ! il popolo !

Ester

Qual tumulto !

## Scena 5a

Eleazaro e suoi con Levita, [illegible] all'altare

Eleazaro

Irato

Scellerato sospendete ! È innocente !

Eleazaro io son! — Mia figlia!

Tutti [illegible]

Ester!

Ester

Provvido ciel, grazie ti rendo!

Jefte

Oh rabbia!

[illegible]

Eleazaro — Ester — [illegible]

Dio, [illegible] ! Deh chi a lu [illegible] !

Eleazaro

(tenendo abbracciata la figlia parla al popolo)

Son io: il proscritto fratel vostro. In fuga
Di balza in balza io andava, e d'ogni parte
Tende vedea che m'insegnia: l'antica
Mia consorte agli affanni alla stanchezza
Non resse: per morire in pace almeno
L'ultimo suo sospiro, entro un covile
Fu tratto, e morì la sventurata ....

Ester

Oh madre!

Eleazaro

( [illegible] )

E in quel punto, sorpreso ecco mi veggio
Da un [illegible] che il brando alza, e pel crine
M'afferra. "Muori" si grida: e in un commosso
Dalle [illegible] della estinta donna
E dalla mia canizie ei si sofferma,
Ondeggia, trema: udir più in lui d'[illegible]
[illegible] il cenno che di Jefte il [illegible],
Ai miei piedi si prostra, e svelando tutte
Del traditor Pontefice mi narra:
E dal suo nobil pentimento io tratto
A gran fretta qui venni, onde far salva
La calunniata mia, nostra figlia.
Oh gioja!

Jefte

Oh Natan vile!

Eleazaro

E tu, Azara,

Pietoso?...

Azaria

Orror, pietà, tremendo affanno,
Terror mi premon sì... che fuor di senno
Quasi... — Di saper tremo... Ah, Jefte! il nappo?

Ester

Dubbio è in te ancor? — Io sono rea!

Eleazaro

Ah mi lasci!

Ester

Or la ridente forza entro il mio petto
Spiegar tutta... Ah dolorosa a un tempo
E dolce insiem la morte... Odir mia voce
Possa il popolo ancora. — O Israelite,
Io vi rammento la promessa: ad Ester
Che rea non era, il genitor si doni.
Rispettate i suoi giorni: altra è sua legge,
Altre le preci, ma sol uno è il Dio!

Popolo

Fratello nostro Eleazar! sia salvo!
Morte a Jefte!

Ester

Azaria, tu in disperato

Pensa ti struggi...

Azaria

Ei l'empio sen!

Ester

Ho... il Cielo

Così volea perchè sedotto folle
L'iniquità d'un suo sozzo rio ministro
E poco ascolto il padre mio... Ah estremi
Miei popolo... Deh non siam da te respinti!
Vivi pel figlio mio... per questo afflitto
Estinto vecchio! Al pargoletto mio
Il benedir continua e baci a mille
Ultimo... Oh sposo! Oh padre!... almeno tra voi...
Amato... io muojo! E la novella legge...

Eleazaro

O figlia!...

(Silenzio)

Eleazaro

— Ella spirò!

Popolo

Ester è morta!

Ester!

Azaria

A me, scellerato, a me il tuo infame
Sangue s'aspetta. Muori! ([illegible])

Jefte

([illegible])

Oh questi strazi
A soffrir termin colla morte! ... Ahi, veggo
Or l'eterno avvenir... ch'io non credea!
Oh supplizj! oh terror!

Azaria

([illegible])

Caduto è l'empio,
Ma chi alla mia innocente Ester la vita
Rende? – Amata mia sposa! Ester!

([illegible])

Eleazaro

Giusti
Son tuoi strali, o Signor! Ah, tu mi sottraesti
Ultimo il più crudel! nulla al tuo servo
A soffrir resta: or toglilo alla terra!

(cade [illegible])

— 27 giugno [illegible] —

# Note

[illegible]

[illegible] Angelus ejus est

[illegible]

[illegible]

[illegible]

[illegible]

CONSTANTIN & C^ie^

Rue Chauchat, 11,
et
Rue de Provence, 26

PARIS

## BIBLIOGRAFIA MINIMA:

L'edizione di riferimento per Ester è quella curata dallo stesso Pellico dopo la liberazione dal carcere e stampata a Torino nel 1830 che è possibile scaricare anche da internet in diversi formati.

Sul teatro del Risorgimento (Pellico, Manzoni, Niccolini, etc.) e sui riferimenti biografici e politici sottintesi spesso nei testi dell'epoca ho trovato questo interessante articolo:

http://www.academia.edu/9989967/Esempi_e_tipologie_del_teatro_dei_patrioti_1821-1849_in_Lofficina_letteraria_e_culturale_dellet%C3%A0_mazziniana_1815-1870_a_cura_di_Quinto_Marini_et_alii_Novi_Ligure_Citt%C3%A0_del_Silenzio_2013

Sul teatro del Pellico la bibliografia critica è esigua, ma spunti utili si possono trovare in VALENTINA MURTAS

*Teatro e autobiografia nell'opera di Silvio Pellico: dialoghi, ambienti e rappresentazioni di sé*:

http://www.italianisti.it/upload/userfiles/files/murtas.pdf

www.ingramcontent.com/pod-product-compliance
Lightning Source LLC
Chambersburg PA
CBHW060502290526
45791CB00001B/229

* 9 7 8 1 3 2 6 2 0 6 9 6 3 *